조선의
가족
천개의
표정

이순구

고려대학교를 졸업하고 한국학중앙연구원 한국학대학원에서 한국사 전공으로 석사와 박사 학위를 받았다. 현재는 국사편찬위원회 편사연구관으로 근무하고 있다. 오랫동안 조선 시대 여성사에 관심을 가져왔는데, 여자들의 생활이 가족과 불가분의 관계여서 이제 그 관심이 가족으로 확대되고 있다. 공저로 『혼인과 연애의 풍속도』(2005), 『조선 양반의 일생』(2009)이 있고, 논문으로는 「조선 중기 총부권과 입후의 강화」(1996), 「정부인 안동 장씨의 성리학적 삶」(2003), 「단종 복위 사건 처벌에 나타난 조선 가족제의 특성」(2010) 등이 있다.

조선의 가족, 천 개의 표정

2011년 11월 18일 제1판 제1쇄 발행
2013년 5월 13일 제1판 제5쇄 발행

지은이 이순구
펴낸이 이재민, 김상미

편집 백수미
디자인 studio.triangle

종이 페이퍼릿
인쇄 천일문화사
제본 강원제책

펴낸곳 너머북스
주소 서울시 마포구 서교동 375-13 성지빌딩 201호
전화 02)335-3366, 336-5131 팩스 02)335-5848
등록번호 제313-2007-232호

ISBN 978-89-94606-09-5 03900

너머북스와 너머학교는 좋은 서가와 학교를 꿈꾸는 출판사입니다.

너머의
역사책 05

이순구의 역사 에세이 ──── 이순구 지음

조선의 가족 천개의 표정

너머북스

조선시대 가족, 그 안과 밖의 사연

역사에서 교훈을 얻는다는 말에 그다지 동의하지 않는다. 그보다는 위로라는 생각이다. 세상은 그렇게 하려 해도 그렇게 되지 않는 일이 얼마나 많은가? 교훈을 얻어다가 어떻게 해볼 수 있는 일이라는 게 세상에는 그렇게 많지가 않다.

승진 교육을 받을 때의 일이다. 각 조별로 자기소개를 하는 시간이었다. 20명에 가까운 조원들이 앞에 죽 나와 섰다. 우중충했다. 40∼50대 남자가 주류인 그 사람들은 대개 무채색 옷을 입었고 이른바 '아저씨' 필이었다. '음, 분위기 우울하군.'

그러다가 생각을 좀 더 하게 되었다. 나를 포함하여 저들은 왜 저 모습이 됐을까 하는 생각을 하게 된 것이다. 그들은 세상을 살아내고 그 모습을 가지게 됐으리라. 세상을 산다는 것은 세상에 나를 내놓는

5

일이다. 얼마간의 의식주를 얻기 위해서 세상이 나를 어떻게 하도록 허락하는 것 말이다. 그 모습이 되지 않을 수 없는 것이다. 거기에는 당연히 무수한 사연이 있다. 나중에 안 사실이지만 실제 사연 없는 사람은 없었다. 생각이 여기에 미치자 '우울' 모드는 그 사연을 알고 싶다는 쪽으로 선회했다. 그리고 그 이야기를 공유하는 것이 곧 어떤 위로가 되지 않을까 하는 생각도 하게 되었다.

이 책은 무엇보다도 사연을 담은 책이다. 잘나가는 한성 판윤(현 서울 시장) 부인이지만 자식을 여섯 명이나 낳아 모두 잃은 조씨 부인, 남편 몰래 연하의 남자를 사랑하다가 저잣거리에서 목이 베인 유씨 부인, 부인을 세 명이나 잃고 끝내 소실을 들여야 했던 권상일, 재산을 두고 올케네와 주먹다짐을 한 안씨 부인, 족보에서 '서(庶)' 자를 빼기 위해 부도덕한 일도 마지않았던 서자 노수, 정조의 암행 특명을 받고 자부심을 느끼는 노상추, 예순 살이 다 된 남편을 질투하느라고 속이 타는 이문건 부인, 기생은 기생을 낳고 또 그 기생은 기생을 낳고, 쉰다섯 살에 열여덟 살 처녀와 재혼할 수밖에 없었던 김종직 그리고 종손의 그 묵직한 책임감.

조선 시대 이 사연들은 모두 가족과 연관하여 생겨났다. 조선에서 가족은 절대적인 그 무엇이었다. 조선은 사회 운영의 일정 부분을 가족에게 일임했다. 부부가 중시되고 교육과 복지가 많은 경우 가족에 의해 이루어졌다. 이러다 보니 조선에서 가족은 절대적 가치가 되었다. 심지어 조선 말기에는 국가는 없고 집안만 있을 정도였다. 조선에서 사람들은 개인이 아닌 가족의 일원으로 살았다. 그들의 사연은 가족을 매개로 나올 수밖에 없었다.

여기 사연의 주인공들 중에는 이른바 좀 성공한 사람도 있고 영 일이 잘 안 풀린 사람도 있다. 그러나 그들은 각자 자신의 문제에 대해 나름의 대처 방식을 찾고 또 그것을 적용하려고 애썼다. 그것만큼은 잘나가던 사람이든 못나가던 사람이든 서로 다르지 않았다. 사연들은 애틋하다. 그런데 그 사연들은 어쩐지 현재 우리의 그것과 별반 다르지 않아 보였다. 그것은 일종의 공감이라고 할 수 있는데, 어떤 교훈이나 메시지보다도 묘하게 감동적이었다.

'이것이 사는 것이구나. 그리고 그것은 조정의 정치 상황 못지않게 의미 있는 역사가 될 수 있겠구나' 하는 생각이 들었다. 그러면서 왜 공자가 "밭을 갈아도 굶주림이 있지만, 할 것이니까 할 뿐이다(耕也餒在其中 惟理可爲者 爲之而已矣)"라고 하고 영화 「물랭루주」는 "쇼는 계속되어야 한다(Show must go on)"라고 했는지 실감할 수 있었다. 삶이란 굶주림이 있어도 유장하게 계속된다. 그 속에 있는 우리들은 얼핏 개별적인 삶을 사는 듯 보이지만, 역사로 남는다. 그리고 그 역사는 후대의 누군가의 공감으로 빛이 날 수 있다. 역사 때문에 우리의 삶은 미미해지지 않을 수도 있는 것이다. 역사가 위로가 되는 이유이다. 부디 나에게 흥미로웠던 조선 사람들의 사연이 다른 사람들에게도 재미있는 이야기이자 공감이나 위로가 되었으면 하는 바람이다.

차
례

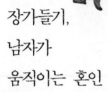

장가들기,
남자가
움직이는 혼인

처가 또는
외가의 위력

장가들기, 남자가 움직이는 혼인

김종직은 왜 밀양에서 태어났을까?

신사임당은 현모양처인가?

왜 외할머니가 아이들을 더 많이 키우는가?

김종직은
왜 밀양에서 태어났을까?

◉

　　조선 초기 사림파의 종장(宗匠)이라고 하는 김종직(金宗直, 1431~1492)은 밀양에서 태어났다. 그의 아버지 김숙자(金叔滋)의 고향이 선산(경북 구미)이었는데 김종직은 왜 밀양에서 태어났을까? 어머니가 밀양 박씨였기 때문이다. 김숙자는 혼인 후에 고향 선산이 아니라 처가가 있는 밀양에서 주로 생활했다. 그래서 서울에서 벼슬살이할 때를 빼고는 언제나 이들 부부에게 집은 밀양의 집을 의미했다.

　　조선 시대, 특히 16세기까지 혼인은 대체로 남자 쪽이 움직이는 시스템이었다. 혼인을 하면 여자는 그냥 자기 집에 그대로 살고, 남자가 정기적으로 자신의 집과 여자 집을 오가든지 아니면 아예 여자 집에서 눌러사는 경우가 많았다. 요즘도 '장가(丈家)간다'는 말을 하는데, 이는 '장인 집에 들어간다'는 말로 이러한 혼인 형태에서 비롯된 것이다. 따

김종직 생가지 (경남 밀양) 김종직은 아버지 김숙자의 고향이 선산이었지만, 어머니 밀양 박씨 때문에 밀양에서 태어나고 자랐다. 당시 남자가 장가드는 혼인에 영향 받은 것이었다. 길재와 김숙자의 학문을 이어 받고 정여창, 김굉필 등의 제자를 키우면서 당시 성리학을 주도했지만, 생활만큼은 아직 지극히 조선적이었다.

라서 조선 시대에는 아이들이 외가에서 태어나는 것이 지극히 자연스러운 일이었다.

김종직도 혼인 후에는 밀양을 떠나 부인 조씨의 고향인 김산(金山, 경북 김천)에서 생활했다. 관직 때문에 서울에서 살 때가 많았지만, 관직을 그만둔 사이사이나 여묘살이를 마친 후에는 언제나 김산으로 돌아갔다. 부인 조씨와 혼인한 이후부터 김종직에게 집은 김산이었기 때문이다. 어린 아들 목아(木兒)가 죽자 아이를 김산의 장모, 즉 아이의 외할머니 무덤 곁에 묻은 것도 이런 이유에서였다.

그런데 김종직은 계속 김산에 살지는 않았다. 쉰두 살에 부인 조씨를 잃었기 때문이다. 김종직은 부인 조씨가 죽은 지 3년 만인 쉰다섯 살에 재혼을 하는데, 당시 두 번째 부인 문씨의 나이는 열여덟 살이었다. 속된 말로 하면 '도씨'다. 그런데 이 문제는 그렇게 간단하게 말할 일만은 아니다.

도학자를 지향한 김종직이지만 그도 어린 처녀가 싫지는 않았을 것이다. 그러나 그보다 더 근본적인 이유는 과거 시험이었다. 만약 김종직이 처녀장가를 안 가고 자신의 나이에 걸맞은 과부와 재혼한다면, 거기에서 태어난 아들은 과거를 볼 수 없었다. 조선은 일찍이 『경국대전(經國大典)』에서 재혼녀의 자식은 과거를 볼 수 없게 했다. '재가하거나 실행한 부녀의 아들 및 손자'는 과거 시험을 볼 수 없다는 게 그 조항이었다.

과거를 볼 수 없는 조선의 양반 남자는 그야말로 아무것도 아니었고, 그런 아들로 이어지는 양반 집안이 별 볼 일 없어지는 것은 순간이었다. 더구나 당시는 『경국대전』이 막 만들어지던 시기였다. 일반적으로 새로 시행된 법률의 힘은 막강한 편이다. 그러니 조선의 양반 남자들이 이를 거스를 수 있겠는가? 아니, 거스를 이유가 있겠는가?

사실 김종직이 죽은 조씨 부인과 사이에 아들이 있었다면, 나이 쉰이 넘어서 처녀장가를 고집하지는 않았을 것이다. 오히려 정식 재혼보다는 첩을 들여 안살림을 맡기는 게 더 속이 편했을 것이다. 그런데 조씨 부인이 낳은 아들은 어린 나이에 죽고 없어서, 김종직은 대를 잇기 위해 처녀장가를 들 수밖에 없었다. 물론 양자를 들이면 되지 않느냐고 반론할 수도 있다. 그러나 이 무렵에는 아직 양자 제도가 확고하게 자리 잡지 않았다. 반면, 재혼녀의 아들은 과거 시험을 볼 수 없다는 법이 막강한 힘을 발휘하기 시작하던 때였다.

재혼 후 김종직은 두 번째 부인 문씨를 바로 자신의 집으로 오게 했다. 당시 기록에는 문씨의 우귀(于歸, 혼인 후 신부가 시댁으로 살러 오는 것)를 특별하게 기록했는데, 이는 우귀를 그렇게 빨리하는 경우가 드물었기 때문으로 보인다. 김종직은 이미 서울에서 고위 관료로 자리를 잡고 살았기에, 집안 관리를 위해 부인이 빨리 서울로 와야 했을 것이다. 그리고 대개 재혼일 때는 남자가 처가에서 사는 경우가 거의 없었다.

김종직에게서 더 흥미로운 사실은 그의 상례(喪禮) 문제이다. 김종직이 예순두 살로 죽었을 때, 문씨와 사이에서 낳은 아들은 겨우 일곱 살이었다. 그래서 상례 주관자는 부인 문씨가 되었다. 그러나 부인 문씨는 명목상의 주관자일 뿐, 실제 절차를 담당한 것은 처남과 누나의 아들들인 생질(甥姪)이었다. 여기서 처남은 두 번째 부인 문씨가 아니라 첫 번째 부인 조씨의 남동생 조위(曺偉)였다. 물론 조위와 김종직은 처남, 매부 사이를 넘어 학문적 교우였고, 생질들 역시 예에 밝은 사람들이었다.

아무리 그렇다고 해도 형님의 아들 김치(金緻)에게 별다른 역할이 주어지지 않은 게 잘 이해되지 않는다. 이미 장성한 번듯한 친조카가 있는

데 왜 처남과 생질이 상례를 맡았을까? 지금의 관념으로는 이런 의문을 품을 수밖에 없지만, 당시 사람들은 누구도 처가 쪽 사람이 상례를 맡는 것을 이상하게 생각하지 않았다. 16세기 이전까지 조선은 혼인한 남자가 처가에서 생활하는 것을 당연하게 여겼기에, 상례 절차에 처가 쪽 사람들이 참여하고 주축이 되는 것을 거부감 없이 받아들였다.

그럼, 우리는 왜 여자가 시집가는 중국과 달리 혼인하면 남자가 처가로 가고 또 그곳에서 생활했을까? 그리고 그런 혼인 방식에는 어떤 장점이 있을까? 아마도 16세기 무렵까지는 혼인 후 한쪽 집안, 즉 남자 집안이 중심이 되는 것보다는 여자와 남자 양쪽 집안이 공조하는 게 대사회적으로 더 유리하다고 판단했기 때문이 아닐까 한다.

그런데 재미있게도 김종직은 현실에서 처가와 그렇게 긴밀한 관계를 유지했으면서도, 이론적으로는 이를 긍정하지 않았다. 당대의 앞서가는 지식인이었던 김종직은 수입된 중국의 부계 중심 가족 제도가 더 선진적이라고 생각했던 것 같다. 그리고 그것이 하루빨리 조선에도 보급되어야 한다고 보았다. 조카 김치가 할머니상에 여묘살이를 하지 않자 엄하게 꾸짖은 것이나, 무엇보다도 그가 조선 사림파의 종장이 된 사실이 그를 잘 보여준다.

이후 조선은 점점 더 머리에 집중하게 되고 그것이 먹혀들어갔다. 성리학이 생활까지 접수한 것이다. 17세기 이후 조선 사회는 김종직의 생각대로 변화해갔다. '처가살이'는 퇴조하고 '시집살이'가 떠올랐다. ◉

신사임당은 현모양처인가?

늙으신 어머님을 고향에 두고　　　　　慈親鶴髮在臨瀛

외로이 서울로 가는 이 마음　　　　　身向長安獨去情

이따금 머리 들어 북촌을 바라보니　　　回首北村時一望

흰 구름 떠 있는 곳에 저녁 산만 푸르네　白雲飛下暮山靑

— 「유대관령망친정(踰大關嶺望親庭)」

　　이 시는 신사임당(申師任堂, 1504~1551)이 친정에 다녀가면서 지은
거라고 알려져 있다. 그런데 정말 친정에 잠깐 다니러 왔다 가면서 지
은 시가 이렇게 애절할 수 있을까? 사실 이 시는 신사임당이 혼인한
지 근 20년 만인 서른여덟 살에 비로소 친정을 떠나면서 지은 것이다.
즉, 이제 완전히 시댁으로 살러 가야 했기 때문에 어머니와 하는 이별

이 이렇게 애절할 수밖에 없었다.

율곡 이이(李珥)가 강릉에서 태어나 여섯 살 때 서울로 왔을 만큼 신사임당은 혼인 후 거의 친정 근처에서 살았다. 아버지 신명화(申命和)가 신사임당을 특별히 아껴서 보내지 않았다고도 하지만, 사실은 당시 혼인 관행이 그것을 가능하게 했다. 남귀여가혼(男歸女家婚)이라고 하여, 여자 집에서 신혼살림을 시작하고 신랑은 자신의 본가와 처가를 주기적으로 오가는 형태였다. 아버지 신명화가 서울 사람인데도, 혼인 후 서울과 강릉을 오가다가 끝내 강릉에서 살게 된 것도 당시 남자들이 처가 쪽에 사는 경우가 많았기 때문이다.

일반적으로 유교적인 현모양처는 며느리라는 위치에 기반을 둔다. 즉, 시집살이를 전제로 한 '좋은 아내, 훌륭한 어머니'이다. 그런데 17세기 이전까지는 시집살이를 하지 않았으며, 따라서 딸도 제사를 지내고 재산도 똑같이 상속받아서 여자들은 며느리보다 딸로서의 정체성이 더 강했다. 한마디로 신사임당 때는 조선에 아직 유교적인 현모양처가 나올 토양이 마련되어 있지 않았다. 게다가 신사임당의 개인적인 성향 또한 현모양처와 거리가 멀었다.

> 어머님께서 평소에 항상 강릉을 그리워하여 밤중에 사람 기척이 없으면 조용히 눈물을 흘리시고, 어떤 때는 새벽이 되도록 잠을 이루지 못하셨다. 하루는 친척이 찾아와 거문고를 뜯자, 그 소리를 듣고 눈물을 흘리시며 "거문고 소리가 그리움이 있는 사람을 슬프게 하는구나" 하셨다.
> ······

이이(1536~1584)
이이는 조선의 대표적인
성리학자이다. 그런 이이
때문에 신사임당은 늘 현
모양처로 칭해지는데, 사
실 사임당은 자식 교육에
그렇게 매진하는 모습을
별로 보이지 않았다.

신사임당의 섬세한 감수성이 돋보이는 「초충도」 6폭 병풍

어머님께서는 평소에 묵적이 뛰어났는데 일곱 살 때에 안견(安堅)의 그림을 모방하여 산수도를 그린 것이 아주 절묘했다. 또 포도를 그렸는데 세상에 시늉을 낼 수 있는 사람이 없었다.

— 「어머니 행장〔先妣行狀〕」

율곡이 어머니의 행장(行狀)에서 신사임당의 성격이나 재능을 묘사한 부분으로, 신사임당의 예민한 감수성이 잘 드러나 있다. 당시 율곡의 눈에 어머니 신사임당은 자신의 감정에 충실할 뿐만 아니라 본인의 재능과 기호에 몰두한 사람으로 비쳤다. 반면 행장에서 교육 얘기가 단지 "자녀가 잘못이 있으면 훈계를 하였으며……"라는 딱 한 줄인 것으로 봐서, 교육 측면에서는 어머니를 기억할 만한 게 그렇게 강렬하지 않은 것 같다.

그럼, 이런 신사임당이 유교적인 훌륭한 어머니로 만들어진 것은 언제부터였을까? 율곡의 학통을 이은 송시열(宋時烈)이 신사임당의 그림에 찬사를 보내면서였다. "오행의 정수를 얻고 원기의 융화를 모아…… 마땅히 그가 율곡을 낳으실 만하다"라는 다분히 성리학적인 작품평을 하면서, 신사임당을 현모양처로 만드는 데 공헌했다. 미술사 쪽에서는 신사임당의 그림이 상당한 수준에 올랐지만, 율곡의 어머니라는 것 때문에 오히려 화가로서 올바른 평가를 받지 못했다고도 한다. 이쯤 되면 신사임당은 율곡을 낳았다는 이유만으로 현모양처가 된 느낌이 강하다.

신사임당은 38년간 강릉에 살았고 서울에서는 10년 정도 살았을

뿐이다. 즉, 며느리보다는 딸로서 훨씬 더 오래 살았다. 현모양처는 시
댁에서 살면서 남편을 내조하고 자식을 잘 키우는 이미지이다. 그러
나 "항상 강릉을 그리워하여 밤중에 사람 기척이 없으면 눈물을 흘리
시며, 어떤 때는 새벽이 되도록 잠을 이루지 못하셨다"는 신사임당은
딸에 자신의 정체성을 두었다.

그리고 율곡은 어머니의 포도 그림이 뛰어나서 세상에 시늉을 낼
사람이 없었다고 했는데, 이것은 신사임당이 화가로서 일가를 이뤘다
는 얘기다. 일가를 이루려면 자신의 능력에 집중하지 않고는 불가능
하다. 즉, 신사임당은 스스로에게 몰두한 사람이다.

이런 신사임당에게 남편과 자식에게 집중하는 현모양처의 모습을
바라기는 쉽지 않다. 물론 율곡은 훌륭하게 됐다. 하지만 그것은 신사
임당이 '영재교육'에 발 벗고 나서서가 아니다. 사실 신사임당은 자식
교육에 그다지 깊이 개입하지 않았다. 일견하면 신사임당은 율곡에게
해준 것이 거의 없어 보인다. 그저 풍부한 감수성을 물려주고 자신의
사는 모습을 그대로 보여줬을 뿐이다. 율곡이 훌륭해지고 또 더할 수
없는 효자가 된 것은 율곡 스스로 노력해서 된 것이다.

그렇다면 우리가 알던 대로 신사임당을 그냥 현모양처라고 부르는
것이 과연 타당할까? 익숙한 명제를 바꾸는 일은 쉽지 않다. 현모양처
를 포기하면 신사임당의 이미지가 크게 손상되는 것이 아닌가 하는
우려도 있다. 그러나 고정된 틀에서 벗어나면 오늘날 우리는 신사임당
을 더 매력적인 인물로 만날 수 있다.

한국의 경제 발전에 유교적인 어머니의 교육열이 절대적인 기여를

한 것은 인정하지만, 21세기 창의적인 인간을 위해서는 그런 교육법을 다시 생각해볼 필요가 있다고 한다. 가능한 한 아이들을 자유롭게 사고하도록 해야 한다는 것이다. 그렇다면 자신의 감정에 충실하고 또 자신의 재능에 집중하여, 율곡이나 큰딸 매창(梅窓)이 자신의 길을 스스로 찾아가도록 여유를 준 신사임당이야말로 21세기가 요구하는 이상적인 어머니상이 아닐까? ◉

왜 외할머니가 아이들을
더 많이 키우는가?

맞벌이 부부를 보면, 친할머니보다 외할머니가 아이를 키워주는 경우가 더 많다. 한집에 같이 살기도 하고 아니면 같은 아파트 단지에 살면서 아침저녁으로 아이를 맡겼다가 찾아오기도 한다. 사회학에서는 이런 현상을 두고 '모계 확대 가족'이라는 용어까지 쓰고 있다. 왜 아이를 외가에서 키우는 경우가 더 많을까? 단지 엄마와 딸의 관계가 편해서일까? 홍문관 부제학을 지낸 당대의 명문장가인 유희춘(柳希春, 1513~1577)의 『미암일기(眉巖日記)』를 잠깐 보자.

식후(食後)에 광선이 남원의 장인가로 돌아갔다. 광연과 어린 누이동생 봉례가 울어 눈물이 줄줄 흐른다. 형제간에 지극한 우애의 정이 어려서부터 나타나니 우리 집안의 기맥(氣脈)이다.

조선의 가족,
천 개의 표정

광선은 유희춘의 손자로, 그가 처가에 간다고 하니 동생들이 슬퍼서 우는 장면이다. 그런데 잠깐 처가에 가는데 왜 이렇게 울고불고 난리인 걸까?

광선은 남원의 김장(金鏘) 집안으로 장가를 들었다. 2월 19일 혼인을 했으니까, 이때가 혼인한 지 두어 달이 지난 때였다. 처음 집에 온 것은 혼인하고 4일 만이었는데, 집안 여기저기에 인사를 하고 며칠 후 다시 장인 집으로 돌아갔다. 그러고는 한 달쯤 뒤에 두 번째로 본가에 와서 40여 일 머물다가 위에서처럼 다시 장인 집으로 돌아가려 하고 있다. 그런데 두 번째는 처음과 분위기가 많이 다르다. 처음 왔다 갈 때는 동생들이 우는 장면이 없었다. 그런데 두 번째에는 다시는 못 볼 듯 아쉬워한다. 이는 광선이 처가로 완전히 살러 가기 때문이었다.

'남원의 장인가로 돌아갔다(歸南原丈家)'는 표현은 단순히 장인 집으로 갔다는 뜻으로 보기 어렵다. 중국에서 '귀(歸)'는 여자가 본래 자기가 있어야 할 곳인 시집으로 간다는 의미인데, 조선에서는 남자에게 적용되고 있다. 조선 초에는 남자가 여자 집으로 '귀'하는 것이 더 일반적이었다.

중국의 예의가 비롯되는 것은 바로 혼인의 예입니다. 음이 양을 쫓아 여자가 남자의 집으로 가서 아들과 손자를 낳아 내가(內家)에서 자라게 하니 본종(本宗)이 중한 줄을 알게 됩니다. 그러나 우리 동방은 모든 문

혼인식 신랑이 혼인식 하러 신부 집으로 가는 장면이다. 조선에서 친영례는 조선 후기까지도 끝내 정착하지 못했다. 여자 집에 거주하는 기간은 짧아졌지만, 혼인식 자체는 여전히 여자 집에서 이루어졌기 때문이다.

물을 중국을 본받으면서 오직 혼인례는 굳이 옛 습속을 따라 양이 음을
쫓아 남자가 여자 집으로 가서 아들과 손자를 낳고 외가에서 자라게
하니 사람들이 본종이 중한 줄을 알지 못합니다.

—『태종실록(太宗實錄)』(태종 14년 1월 4일)

1414년(태종 14) 의정부의 논의이다. 요지는 조선의 혼인 습속이 남
자가 여자 집으로 가서 생활하는 거여서 외가만 중한 줄 안다는 것이
다. 중국은 혼인할 때 남자가 여자 집으로 가서 여자를 맞이하여 남자
의 집에서 혼인식을 하고 남자 집에서 생활했다. 이른바 친영(親迎)이
었다. 그러나 조선은 여자 집에서 혼인식을 하고 대개 여자는 여자 집
에 그대로 머물고 남자가 자신의 집과 처가를 오가거나 아니면 처가
에서 살았다. 그러니까 '시집을 가는' 것이 아니라 '장가를 드는' 것이
었다. '장가를 든다'는 것은 장인 집으로 들어가 산다는 뜻이다. 지금
도 어른들이 총각들에게 '언제 장가가냐'고 묻는 이유가 여기에 있다.

조선은 물론 이를 그대로 두고 싶어 하지 않았다. 중국처럼 되기를
바랐다. 당시 중국 제도는 곧 선진적인 것이었기 때문이다. 그러나 사
람들, 특히 양반들은 말을 잘 듣지 않았다. 남자가 여자 집에 가서 살
면 자연히 여자 집의 경제적 부담이 커졌지만, 사람들은 이 시스템을
더 편리하게 여겼다. 부담보다는 두 집안의 공조로 생각했던 게 아닌
가 싶다. 어쨌든 장가드는 혼속은 쉽게 바뀌지 않았다.

18세기 영남의 대표적인 관직자 권상일(權相一, 1679~1759)이 며느
리 들이는 과정은 흥미롭다. 1725년 2월 7일, 아들은 처가로 가서 다

음 날 혼례를 치른다. 그다음 날 신행에 따라갔던 사람들이 돌아오고 아들은 5일 뒤에 온다. 그런데 며느리는 그대로 친정에 머물러 있다. 시아버지 권상일은 며느리를 보지 못한 채 다만 신행 갔다 돌아온 사람들이 며느리가 '현명해 보인다'고 말하자, 집안의 경사라며 기뻐할 뿐이다. 그리고 며칠 후 아들이 전해주는 며느리의 첫 편지를 받는다.

이후 아들은 한두 달에 한 번씩 처가에 간다. 한 번 갈 때마다 대략 7, 8일 정도 머문다. 그리고 권상일은 아들이나 노비를 통해 사돈 또는 며느리와 편지를 주고받는다. 이렇게 시간을 보내다가 혼인 2년 5개월 만인 1727년 7월 22일에야 비로소 며느리가 시집으로 온다. 그사이 며느리는 아들을 낳아서 7, 8개월이 되었다.

이처럼 조선에서는 18세기까지도 여자가 혼인 후 친정에 머무는 관습이 사라지지 않았다. 기간만 짧아졌을 뿐이다. 20세기 초까지도 시골에서는 이른바 '해묵이'라고 해서 신부가 1, 2년 친정에 있는 것이 예사였다. 풍속이 이러니 자연히 외가와 가까울 수밖에 없지 않을까? 외가에서 태어난 아이들이 커서도 자주 외가에 드나드는 것은 지극히 자연스러운 일일 것이다.

이쯤 되면 오늘날 왜 외할머니가 아이들을 더 많이 키우는지 이해되지 않는가? 우리는 외가와 친연성이 좀 특별할 뿐만 아니라 그 연원이 꽤 오래되었다. ◉

처가 또는 외가의 위력

인목대비는 왜 아들보다 친정 집안을 선택했을까?

왕실의 외가, 단지 외척인가 정치적 파트너인가?

'칠거지악'으로 부인이 쫓겨난 경우는 거의 없었다

적처, 적자들의 배타적 권리

조선에서는 사위도 연좌제에 걸릴까?

한때의 전통이 다른 시절엔 금기가 되다

인목대비는 왜 아들보다
친정 집안을 선택했을까?

⊙

과연 여성에게 모성애는 모든 것에 앞서는 본능일까? 항상 아들을 아버지나 남동생보다 우선시했을까? 『계축일기(癸丑日記)』는 이 문제와 관련해서 흥미로운 사실을 말해준다. 계축년인 1613년(광해군 5), 광해군은 영창대군을 강화도로 내치고 계모 인목대비(仁穆大妃, 1584~1632)를 폐위하여 서궁에 가두었다. 『계축일기』는 당시의 사건을 인목대비의 입장에서 쓴 책이다. 그런데 여기에서 인목대비가 영창대군을 내놓기 전 광해군과 협상하는 장면이 눈길을 끈다.

대군(영창대군)으로 말미암아 이런 화가 부모와 동생에게 미치니 어찌 차마 들을 수만 있으리까? 내 머리를 베어서 표를 보이니 대군을 데려다가 아무렇게나 처치하고 아버님과 동생을 놓아주옵소서.

대군을 곱게 있게 해주시마 하고 여러 날 말씀을 해주시고 내전(內殿)에서도 속이지 않겠노라고 극진한 투로 글월에 적으셨으니, 나의 이 서러움을 어디다 견주어 말할 수 있으리까? 대군을 선왕의 아들이라 너그럽게 생각하사 하늘이 준 명을 고이 부지하여 살게 해주마고 거듭거듭 말씀을 하셨으니 이 말을 표로 알고 내어 보내주겠습니다마는, 아버님과 동생을 죽게 하였으니 그 서러움인들 무엇으로 다 측량하여 말할 수 있으리까? 이제 둘째 동생과 어린 동생이 살아남았다 하니 바라옵건대 이 두 동생이나 살려주시면 대군을 내어 보내리다. 서럽게 죽은 가운데서나마 절사(絶祀)나 되지 않도록 하여 주시기를 비나이다.

—『계축일기』

아들 영창대군을 내놓을 테니 친정집을 보호해달라는 것이다. 어떻게 어머니로서 이런 제안을 할 수 있을까? 물론 영창대군을 지키기는 이미 틀렸다고 생각했을지도 모른다. 그러나 아무리 그래도 '대군을 데려다가 아무렇게나 처치'하라는 대목은 참으로 낯설다.

신이 듣건대 자전(慈殿)께서 이런 변고를 만난 뒤부터 늘 대군을 부둥켜 안고 있으면서 한 모금의 물도 입에 넣지 않고 있다 합니다. 성명께서는 바로 천지 부모이시니 천만부당한 이 원통한 정상을 살펴주셨으면 합니다. 밝은 태양이 위에 있는데 어떻게 이럴 수가 있겠습니까? 그러나 대군이 아무리 어미젖에 매달리는 어린아이라 할지라도 일단 불측한 이름을 지니게 된 이상 보전될 수는 없을 것입니다. 따라서 자전께서 만약 그를 내보내어 신에게 붙여주신다면 신이 그와 죽음을 함께하고 싶은데 자전께서 죽음을 같이하려 하시면서 내어놓지 않으려 하시니 신이 어떻게 주선해볼 수도 없습니다.

─『광해군일기(光海君日記)』(광해군 5년 5월 6일)

인목대비 아버지 김제남(金悌男)의 공초 일부이다. 어린아이라도 왕자는 역모에 이름이 오르면 끝이라고 한 것으로 보아, 김제남도 이미 영창대군의 목숨을 보전하기는 틀렸다고 판단한 것으로 보인다.

어쩌면 인목대비가 상황 파악을 정확히 했을 수도 있다. 어린 아들보다는 친정을 선택하는 것이 훗날을 위해 더 현실적인 방법이라고 말이다. 인목대비가 살던 17세기는 남귀여가혼이 점차 줄어들고 남자집 거주가 늘어나던 시점이었다. 그러나 여전히 여자들의 의식 속에는 친정에 대한 소속감, 딸로서의 정체성이 남아 있었을 것이다. 특히 왕실로 시집온 여자들은 친정의 대표자라는 의식과 책임감이 강했으리라고 본다.

우리나라는 중국에 비해 왕실과 외척 관계가 아주 긴밀했다. 혼인을 통해 두 집안 사이에 강력한 공조 관계를 형성했기 때문이다. 그런데 공조에는 친밀한 만큼 경계할 요소도 많았다. 왕실과 외척은 다음 세대의 왕을 공유하면서 그 영향력을 두고 종종 갈등 관계에 빠졌다. 예컨대 태종은 처남 민무구(閔無咎), 민무질(閔無疾) 형제를 죽였고 또 세종의 장인인 심온(沈溫)을 제거했다. 조선 왕에게는 왕비나 세자빈 집안이 항상 경계 대상이었고, 반대로 외척은 왕의 경계 속에서 가문의 입지를 확보해야만 했다.

왕실 여성들은 이런 정치적 역학 관계 안에 존재했다. 그들은 왕비 또는 세자빈의 위치에 있지만, 때로 자기 친정 집안의 대표자로서 능동적으로 정치 행위를 해야 했다. 왕실의 일원이기에 앞서 친정 집안의 일원이고 딸이기 때문이다.

그래서 『한중록(閑中錄)』에서 사도세자가 뒤주에 갇히던 날 부인 혜경궁 홍씨에게 한 말은 의미심장하다.

"자네는 무섭고 흉한 사람이로세. 자네는 세손(훗날 정조)을 데리고 오래 살려 하는구려. 내가 오늘 나가 죽을 테니 그를 꺼려서 세손의 휘항(일종의 방한모자)을 쓰지 못하게 하려는 심술을 알겠네."

혜경궁 홍씨가 이미 자신을 버리고 세손과 친정을 택했다는 사실을 감지하고 하는 말이다. 훗날 혜경궁 홍씨가 친정 집안을 변호하기 위해 『한중록』을 썼다는 말을 듣는 것도 모두 이런 이유 때문이다.

인목대비 역시 친정 세력의 대표자로서 끝까지 친정을 지키고자 했고, 그를 통해 자신의 후일을 기약했다. 당시 인목대비의 친정은 서인 세력이었다. 광해군 쪽의 대북파에 비하면 세력이 미미했다. 그러나 정치란 고정되어 있는 게 아니다. 현재는 미약해도 그것이 하나의 당을 이루고 있다면 언젠가 다시 세력을 잡을 수 있었다.

그래서 인목대비는 어린 아들이 아니라 서인이라는 정치 세력, 즉 친정 집안을 선택했는지도 모른다. 그리고 그런 정치적 선택은 유효했다. 훗날 서인 세력이 인조반정을 일으켜 광해군을 몰아냈으니 말이다.

『계축일기』는 인조반정 덕분에 인목대비가 10년 동안 갇혀 있던 서궁의 문이 열리는 것으로 끝난다. 문이 열리기 얼마 전부터 서궁에 맛있는 복숭아나무가 자라는 등 상서로운 기운이 돌았다고 한다. 광해군에 대한 인목대비의 도덕적 승리를 상징하는 것이다.

그러나 인목대비는 도덕성으로만 평가될 만큼 나약한 존재가 아니었다. 결정적인 순간에 아들을 놓고 광해군과 협상할 줄 아는 사람이었다. 그리고 친정의 대표자 역할에 충실했고, 훗날 서인 세력이 다시 등장하는 데 구심점 역할을 했다. 인목대비는 광해군의 불쌍한 계모보다는 그의 정적이었다고 말하는 게 정확한 표현일 듯싶다. 권력은 여성에게도 피해가지 않는다. ⊙

왕실의 외가, 단지 외척인가
정치적 파트너인가?

⊙

홍국영(洪國榮, 1748~1781)은 정조가 왕위에 오른 지 4년 만에 실각하고 말았다.

"대저 스물여덟 살에 양손으로 하늘을 받쳐 나라를 태산 반석 위에 올려놓고, 서른두 살에 최고의 반열에 올랐으니 기록이 있은 이래로 신하에게 없었던 일입니다."

이런 칭송을 받던 그가 왜 관직을 내놓고 향리로 돌아갈 수밖에 없었을까?

"홍국영은 본디 사나운 성질에 교활한 재주까지 가졌습니다. 하늘의 공을 자기 힘으로 알고, 스스로 방자하게 조종하고 여탈(與奪)하였으니 신하된 도리가 없습니다."

관직을 떠난 홍국영에 대한 평은 이렇게 달라진다. 그러나 여기서 하고 싶은 얘기는 홍국영의 도덕성 문제나 권력의 무상함이 아니다. 관심이 가는 것은 무엇이 홍국영 실각의 결정적 원인이냐는 점이다. 홍국영은 도승지이자 숙위소 대장(일종의 경호실장)으로서 그야말로 안팎을 아우르는 권력을 쥐고 있었다. 당연히 반대 세력이 있을 수밖에 없지만, 공식적인 권력은 문제 삼기가 쉽지 않다. 오히려 당하기 십상이다. 그럼 무엇이 홍국영의 발목을 잡았을까? 바로 홍국영이 외척이라는 데 틈새가 있었다.

1778년(정조 2) 6월, 홍국영의 누이동생이 후궁으로 간택되었다. 이가 곧 원빈(元嬪)이다. 그런데 어찌된 일인지 원빈은 후궁이 된 지 1년도 안 되어 죽고 말았다. 홍국영은 상심이 컸지만, 그대로 넋 놓고 있지만은 않았다. 우선 원빈의 무덤을 원(園)으로 봉하고 혼궁(魂宮)까지 두었다. 후궁을 원에 봉하는 경우는 왕을 낳은 후궁 말고는 거의 없었다. 그런데 원빈은 아들을 낳은 것도 아니고 또 후궁으로 오래 있지도 않았다. 그런 원빈의 묘를 원으로 한다는 것은 누가 봐도 격식을 벗어나는 일이었다.

그런데 여기서 더 나아가 홍국영은 정조의 동생인 은언군(恩彥君)의 아들 담(湛)을 원빈의 양자로 삼았다. 처음에 작호를 완풍군(完豐君)이라고 했는데 '완'은 왕실의 본관인 '완산', 즉 '전주'에서 온 것이고 '풍'은 홍국영의 본관인 풍산에서 따온 것이었다. 원래 종친의 작호는 외가 성씨의 관향을 따르는 관례가 있어서, '완풍군'이라는 호칭 자체가 문제가 되지는 않았다. 문제는 완풍군을 정조의 후사로 삼고자 하는 홍국영의 욕심이었다. 홍국영은 늘 완풍군을 '생질'이라 불렀다. 즉,

누이의 아들이라는 것이다. 그리고 다른 사람들이 '저사(儲嗣)를 넓히는 일', 즉 후궁을 다시 들여 후계자를 얻는 일에 대해 언급하지 못하게 했다.

저 지난해 간택한 일은 참으로 종사를 위하여 저사를 넓히려는 뜻에서 나왔으니, 지난해 5월(원빈 사망) 이후로 모든 신하가 새로운 명령이 빨리 내려지기를 바랐습니다. 그런데 홍국영은 남몰래 이를 막을 생각을 하여 물러나겠다는 상소를 하면서 "안면에 얽매이고 세력을 혐의한다"는 따위 말로 위아래에 은근히 압력을 넣고 세상을 속이고 어지럽히기까지 하였습니다. 또 사람을 대하면 문득 "이 일은 다시 할 수 없다"고 말하였으니, 그 마음이 어디에 있는지를 헤아릴 수 없었습니다. 그러나 그 위세에 눌려 사람들이 감히 말하지 못하였습니다.

—『정조실록(正宗實錄)』(정조 4년 2월 26일)

홍국영이 귀양을 가자, 비로소 신하들이 그동안 후궁을 새로 들이는 것을 홍국영이 어떻게 막아왔는지 토설했다. 홍국영이 완풍군을 원빈과 정조의 후사로 삼아 다음 왕으로 만들고 싶어 했다고 지적한 것이다. 실록은 홍국영의 이 행위를 국권을 옮길 생각이라고 표현했다. 즉, 왕권에 도전하는 일이라는 것이다.

홍국영은 결국 이 일로 관직에서 물러났고 또 귀양까지 가게 되었다. 아무리 정조와 친구 같은 사이라고 해도 정조가 아직 스물여덟 살인데, 이미 죽고 없는 후궁에게 양자를 들이고 그를 후계자로 삼을 이유가 어디에 있겠는가? 새로 후궁을 얻어 왕자를 생산하는 것이 훨씬 더 자연스러운 일 아닌가?

> 옛날부터 임금의 외척으로서 위권(威權)을 마음대로 부리다가 낭패하지 않은 자는 드뭅니다. 김주신(金柱臣)의 집안만이 끝내 보전했는데 이는 그가 다른 사람보다 어질어서가 아니라 숙종께서 처음부터 권병(權柄)을 빌려주시지 않았기 때문입니다.
>
> —『정조실록』(정조 4년 3월 1일)

역시 홍국영 탄핵의 한 구절이다. 외척은 늘 권세를 부릴 가능성이 농후하다는 것이다. 외척에 대한 경계가 확실하다. 나는 새도 떨어뜨릴 홍국영 권세의 틈새는 이렇게 그가 외척이라는 데 있었다.

우리나라에서는 외척이 단순한 외척이 아니었다. 단순히 왕실의 친척이라기보다는 왕실의 파트너로서 자리했기 때문이다. 우리나라는 고대 이래로 신분을 결정짓는 데 있어서 어머니의 피가 중요했다. 어머니의 피가 중요하다는 것은 곧 어머니 집안의 힘이 막강하다는 것을 뜻했다. 고려만 해도 왕위 계승에서 어머니 집안이 어디이냐가 매우 중요한 변수였다. 고려 현종은 불륜으로 태어났는데도 그의 어머니가 왕후이자 막강한 황보씨 집안의 외손녀였기 때문에 왕위에 오를 수 있었다.

물론 이런 분위기는 조선에 들어와서 약해졌다. 강력한 부계성이 선진적인 것으로 받아들여지면서 부계 중심 사회를 원하게 됐기 때문이다. 특히 왕실은 부계성을 우선시하고자 했다. 당시 일반 양반가에서는 어머니의 신분을 따라 첩의 자식은 적자와 구분했다. 그러나 왕실에서는 후궁에게서 낳은 아들을 왕의 아들로 제대로 대우했는데, 이는 부계성이 강했기 때문에 가능했다. 왕실에서는 왕후 집안을 더는 정치적 파트너가 아니라 외척으로 한정하고자 했다. 그러나 오래 지속되어온 외가 세력이 하루아침에 약해질 수는 없었다. 외가의 영향력은 조선 후기가 되어도 여전히 무시할 수 없는 것이었다. 홍국영이 생질을 통해 다음 왕 자리를 넘볼 수 있었던 것도 외가의 힘이 강하던 당시의 사회적 배경 때문이었다. ◉

'칠거지악'으로 부인이 쫓겨난
경우는 거의 없었다

◉

5월 21일은 '부부의 날'이다. 2007년 정식 법정 기념일로 정해졌는데, '둘(2)'이 '하나(1)'가 되자는 뜻을 담았다고 한다. 오늘날 굳이 이런 기념일을 정한 이유는 뭘까? 지금의 부부 관계가 뭔가 심상치 않다는 뜻이 아닐까? 사실 어느 정도 평등성이 확보되고 경제력이 좋아졌지만 부부 관계는 왠지 편안해 보이지 않는다. 어쩌면 평등해졌기 때문에 갈등은 더 많아졌는지도 모른다.

조선 시대의 부부는 의외로 우호적인 관계를 유지하며 살았다. 거기에는 몇 가지 이유가 있는데, 우선은 국가의 적극적인 노력이 있었다. 조선은 사회 운영의 상당 부분을 가족에게 일임하고 있었다. 가족의 안정은 당시 절대적인 과제였다. 따라서 그 핵심에 있는 부부를 보호하기 위해 국가는 어떤 이유에서든 이혼을 허락하지 않았다.

『대명률(大明律)』은 부인이 남편을 때렸거나 혹은 간통했을 경우에 남편이 원하면 이혼을 할 수 있게 했다. 그런데 조선은 분명 『대명률』을 가져다 쓰고 있으면서도 '우리 사전에 이혼이란 없다'라는 태도를 취했다. 특히 『대명률』에서는 '출처(出妻)'라는 항목이 있어서 이런저런 이유로 부인을 내쫓을 수 있었지만, 조선에서는 이 역시 사문화(死文化)시키고 있었다. 그것은 부인을 쫓아내는 것이 사회 안정에 도움이 되지 않는다고 판단했기 때문이다.

국가뿐만 아니라 양반 남자 집안들도 이혼 또는 출처에 적극적일 수 없는 이유들이 있었다. 가령 부인을 쫓아낸다면 일단 집안에 적처(嫡妻)가 없게 되는데, 이는 곧 집안이 불안정해지는 것을 의미했다. 즉, 가정 관리자가 없는 것이고 나아가서 가문을 유지할 파트너가 사라지는 것이다. 물론 부인을 새로 얻을 수 있지만 그러자면 많은 시간과 에너지를 소모해야 했다. 남자 집안으로서는 어떻게 하는 게 더 이익일까?

부인을 내보낸다는 것은 곧 적처의 집안과도 관계를 끊는다는 것을 뜻했다. 조선 시대 혼인에서 적처의 집안, 즉 여자 집안의 영향력은 컸다. 앞서도 여러 차례 언급했지만 16세기까지 조선은 남자가 여자 집으로 장가드는 남귀여가혼이었다. 남귀여가혼에서는 남자 집안과 여자 집안이 비교적 대등한 위치에서 서로 협력하며 파트너 관계를 맺었다. 그리고 조선 후기로 가면서 남자 집안 주도형으로 혼인 형태가 바뀌었지만, 여전히 여자 집안의 영향력은 무시할 수 없었다.

따라서 여자 집안과 공조를 해소한다는 것은 쉽게 결정할 일이 아

조선의 가족,
천 개의 표정

니었다. 물론 새로운 집안을 선택할 수도 있지만, 이미 형성한 네트워크를 능가하는 이익을 얻는다는 보장이 없었다. 그러니 어차피 여자 집안과 공조 관계를 유지해야 하는 사회라면, 가능하면 처음 맺은 관계를 우호적으로 유지하면서 사회적으로 공동 이익을 얻는 게 더 현실적이었다.

그래서 조선에서는 '칠거지악(七去之惡)'이라는 말이 있었지만, 실제로 이 때문에 부인이 쫓겨난 경우는 거의 없었다. 칠거지악의 악조건들을 다른 방식으로 해결했기 때문이다. 가령 자식을 낳지 못할 경우 양자 제도가 그 대안이 되었다. 이처럼 이혼이 거의 불가능했기 때문에 조선의 부부들은 상황에 적응하는 쪽으로 노력을 기울였다.

혼인이 개인 의지가 아니라 집안의 이해관계에 따라 결정되는 것도 조선의 부부를 더 심한 갈등 관계에 놓이지 않게 했다. 부모는 충분히 숙고한 끝에 환경이 비슷한 사람과 혼인을 맺어주었다. 조선 후기 혼인이 대개 같은 당색(黨色) 안에서 이루진 것이 대표적인 예이다. 부부는 문화적 배경이 유사했고, 따라서 근대 이후처럼 개인적인 감정 대립으로 갈등하는 경우가 적었다.

또한 조선 시대에는 부부라고 해도 동거 비율이 매우 낮았는데, 이것이 오히려 부부 갈등의 첨예화를 막는 데 일조했다. 조선은 중기까지 남귀여가혼에 따라 남자가 처가와 본가를 오가는 생활을 오랫동안 했고, 이 기간 동안 부부는 가끔 만나 합방하는 정도였다. 당연히 사이가 나빠질 가능성이 낮았다.

혼인 형태뿐만 아니라 남편이 관직 때문에 지방으로 파견 나가거나 유배라도 가게 되면 부부는 몇 년씩 떨어져 있어야 했다. 조선 중기 『미암일기』의 저자로 유명한 유희춘은 40년 동안 부부 생활을 했지만, 동거 기간은 20년이 채 안 되었다. 이는 그의 유배 생활과 외직(外職) 파견 때문이었다. 그런데 이들 부부는 그들 사이에 첩까지 있었는데도 "만년에 태평함을 누리고 금실이 더욱 좋아진다"고 자평할 정도로 사이가 좋았다.

시간적 분리뿐만 아니라 공간적 분리도 의미가 있었다. 사실 오늘날처럼 부부가 한방에 거주하는 문화는 그리 오래된 것이 아니다. 조선 시대 양반 집은 으레 안방과 사랑방이 구분되어 있었는데, 이는 부부가 나쁜 관계를 만들거나 지속시키지 않도록 하는 요인으로 작용하기도 했다.

조선 후기 여성 성리학자 강정일당(姜靜一堂)은 남편과 쪽지 편지를 주고받은 것으로 유명하다. 이른바 '척독(尺牘)'이라고 하는데 내용은 학문적인 것이어서 그렇게 로맨틱하지는 않다. 하지만 어쨌든 남편과 아내에게 각자의 거주 공간이 있었다는 것을 보여준다. 공간 분리는 오늘날의 시각에서 보면 '관계가 소원해지는 게 아닐까'라고 생각할 수도 있지만, 서로 존중하면서 불편한 관계를 만들지 않는 데 오히려 유용했다.

또한 부부의 역할이 잘 나뉘어 있었던 것도 부부 관계를 원만하게 하는 데 일조했다. "예는 부부간에 서로 삼가는 데서 시작된다. 집을 지을 때에 내외를 구분하여 남자는 바깥에 거처하고 여자는 안쪽에 거처하며 문단속을 철저히 한다. 남자는 함부로 내당(內堂)에 들지 않

동계 고택(경남 거창)의 사랑채와 안채   남녀 공간의 분리는 소원함보다는 존중의 의미가 컸다. 특히 안채
는 집안의 중심이 여자라는 사실을 다시한번 확인시켜준다.

고 여자는 밖에 나가지 아니한다", "남자는 집 안의 일을 말하지 아니하고 여자는 밖의 일을 말하지 아니한다"는 『예기(禮記)』 「내칙(內則)」의 말들은 권한의 분담과 책임 소재를 분명히 하는 효과가 있었다. 부부들은 각자의 영역에서 자신의 역할을 하면서 갈등의 소지를 줄였다.

결론적으로 조선의 부부들은 우리가 생각하는 것보다 훨씬 덜 갈등 속에 살았다. 사실 이는 주어진 환경이 좋아서라기보다 그 안에 살았던 조선의 부부들이 주어진 조건을 자신들에게 맞게 잘 활용했기 때문이다. 그들은 국가가 부부의 갈등을 원하지 않는다는 사실을 파악하고 거기에 적극적으로 적응했다. 또한 가족이 주는 안정감에도 만족했다.

오늘날의 부부는 물론 조선과 다른 여건 아래 있다. 조선 시대의 방식이 계속 유효할 수는 없다. 그러나 조선의 부부들이 주어진 상황을 자신들에게 유익하게 만들려고 한 노력만큼은 어쩌면 계속 유효할 수도 있을 것이다. ◉

적처,
적자들의 배타적 권리

조선에서 어머니와 관련하여 가장 먼저 주목해야 하는 것은 혈통이다. 신분을 결정짓는 데 어머니 혈통이 중요하기 때문이다. 이른바 종모법(從母法)이라는 게 있을 정도로 어머니가 누구인가는 중요했다. 조선에서는 아버지가 양반이라고 해서 그 자식이 모두 양반이 되지는 않았다. 아버지 신분이 대체로 자식에게 그대로 이어지는 중국과 대조적이다.

조선에서는 아버지가 양반이고 어머니 또한 적처에 양반이어야지만 자식이 온전한 양반이 될 수 있었다. 어머니가 적처가 아니거나 또 양반이 아니면 자식은 이른바 '절름발이' 양반이 될 수밖에 없었다. 그래서 조선에서는 양반 남자가 '양반이 아닌 여자'를 적처로 들이는 경우는 거의 없었다. 물론 어머니가 적처가 아닌 경우는 많았다. 바로 첩이었는데, 이때 그 자식은 서얼이 되었다.

홍길동이 '아버지를 아버지라 부르지 못한' 것은 홍길동의 어머니가 노비였고 홍길동이 종모법에 따라 얼자(孼子)였기 때문이다. 물론 홍길동은 어떤 경로를 통해서든 속량이 되어 노비로 살지 않았다. 그러나 어머니 때문에 서얼 신분으로 살아야만 했다.

그런데 서얼은 과거 시험에서 문과를 볼 수 없었다.『경국대전』의 「예전(禮典)·제과(諸科)」에는 "서얼 자손은 문과, 생원·진사시에 응시하지 못한다"는 조항이 있었다. 서얼들에게는 최고의 악법이었다. 조선에서는 모든 길이 과거로 통했다. 그런데 과거 시험의 꽃이라 할 문과를 볼 수 없다는 것은 사실상 사회의 주류가 될 수 없다는 뜻이었다. 현실적으로 조선 사회에서 문과를 볼 수 없는 양반은 양반이 아니었다.

상황이 이러니 양반 남자들은 당연히 양반 여자를 적처로 삼아 거기에서 자식을 얻고자 했다. 양반 역할을 제대로 할 수 없는 서얼에게 집안을 잇게 할 수는 없기 때문이다.

1719년 10월 26일, 권상일은『청대일기(淸臺日記)』에서 "풍산의 이씨 장인 댁에 가서 소실(小室)을 취하였다"라고 썼다. 단 한 줄로 첩을 들인 이야기를 정리하는 것으로 봐서 별로 길게 이야기하고 싶지 않다는 뜻일 것이다. 이 당시 권상일은 마흔한 살로 과거에 급제한 지 10년 가까이 됐으며 관직이 예조 낭관에 이르기 직전이었다. 한마디로 혁혁한 양반의 모습이었다.

그런데 이 혁혁한 양반은 불행히도 부인을 세 번이나 잃고 어린 두 아들만 두고 있는 상황이었다. 아이들을 위해 부인의 손길이 절실했지

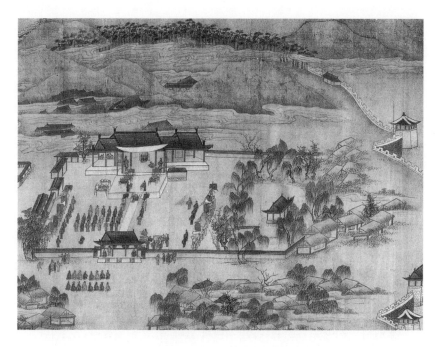

「북새선은도」 중 과거 합격자를 발표하는 장면이다. 과거 합격은 조선의 양반 남자들에게 모든 것을 보장해 주었다. 그런 만큼 조선에서 과거를 볼 수 없는 양반 남자란 더 이상 양반 남자가 아니었다.

만, 정식으로 다시 혼인하여 네 번째 부인을 맞아들이는 게 부담스러 웠던 모양이다. 그래서 할 수 없이 소실을 들인 것으로 보인다. 그런데 적처가 있으면서 소실을 두는 것은 남자들에게 꽤 큰 즐거움으로 보 이지만, 적처는 없이 소실만 있는 것은 왠지 모양새가 좋지 않은 느낌 이다. 권상일은 소실 들이는 일이 그다지 탐탁지 않은 듯 결국 그 일 을 한 줄로 적고 더는 기록하지 않았다.

권상일의 소실에 대한 태도를 통해 조선 시대 양반 남자들의 의식 세계를 엿볼 수 있다. 양반 남자들에게 첩은 적처가 엄연히 존재할 때

의미가 있는 것이지, 적처가 없는 상황에서는 오히려 초라한 느낌마저 주는 것 같다. 말하자면 첩이란 여유로 두고 싶을 때 두어야 의미가 있는 것이다.

그렇다면 양반 남자들에게는 반듯한 양반 여자를 적처로 삼고 거기에서 자식을 얻는 것이 일단 가장 중요했을 것이다. 권상일의 경우, 적처 소생은 끊임없이 과거 공부를 한다. 좋은 결과를 얻었다는 기록은 보이지 않지만 어쨌든 과거 공부를 계속했다. 양반집 남자라면 결과가 없더라도 평생 해야만 하는 게 과거이기 때문이다. 이런 분위기는 권상일의 적손자에게도 그대로 이어졌다.

반면 소실에게서 낳은 아들은 늘 서아(庶兒)라고 불리며 온갖 집안일을 돌봤다. "서아가 나무 베는 일로 노비 셋을 데리고 천주, 대승 등에 갔다", "서아로 제사를 대신 지내게 했다"와 같은 일들이 그것이다. 하지만 서자들은 비록 실생활에서 아주 중요한 역할을 하더라도 끝내 그 집안을 대표할 수는 없었다. 상황이 이러니 양반 남자들은 서자가 아닌 적자를 낳아줄 수 있는 정식 부인을 존중할 수밖에 없었다. 조선이 요구하는 이상적인 가족을 구성하려면 신분이 훌륭한 적처의 존재가 절대적으로 필요했다.

그렇다면 조선은 왜 서얼을 구분 짓는 가족 시스템을 만들었을까? 왜 적처가 아닌 사람의 아들들을 차별했을까? 아마도 여기에 가장 강력한 영향을 미친 사람은 적처와 그 집안사람들이었을 것이다. 적처의 입장에서 자신이 낳지 않은 자식들이 자신의 자식과 동등한 권리를 누리는 게 좋을 리 없다. 조선이 유교 시스템의 도입으로 적처의 위치를 보장하자, 여자들은 누구나 적처가 되고 싶어 했고 적처가 된 후에는 그 지위를 배타적으로 누리고 싶어 했다.

전통적으로 우리나라는 혼인에서 남자 집안과 여자 집안이 대사회적인 공조를 함께하면서 비교적 대등한 관계를 유지해왔다. 따라서 여자 집안은 자신의 권리를 다른 여자 집안과 공유하고 싶지 않았을 것이고, 당당하게 배타적 권리를 요구했을 것이다. 남자 집안은 여자 집안과 맺은 사회적 공조를 의식하여 이러한 요구를 무시할 수 없었을 것이다. 여기에서 적처와 그 자식들의 권리는 커지고 적처의 자식이 아닌 서얼의 권리는 훨씬 더 제한될 수밖에 없었을 것으로 보인다. 그래서 적자는 가계 계승이나 재산 상속에서 절대 우위를 점할 뿐만 아니라 양반에게 가장 중요한 과거에서도 서얼을 배제시켜나갔다.

조선에서 서얼에게 문과 응시를 제한하는 한, 적처의 지위는 점점 더 공고해질 수밖에 없었고 어머니의 신분이나 혈통의 중요성도 지속되었다. 이처럼 조선에서 양반 어머니의 가장 중요한 조건은 양반이라는 신분과 또 적처라는 위치였다. ◉

조선에서는 사위도 연좌제에 걸릴까?

⊙

1421년(세조 3) 6월 2일, 김질(金礩)이 성삼문(成三問, 1418~1456)의 역모 사실을 고했다. 성삼문이 "근래에 혜성이 나타나고 사옹방의 시루가 저절로 울었다"며 단종 복위를 함께하자고 꼬였다는 것이다. 고변이 있기 하루 전, 세조는 명 사신을 위해 창덕궁에서 연회를 베풀기로 했다. 성삼문의 등은 이날을 거사 날로 잡았다. 원래 왕이 있는 곳에는 고위 무반 두 명이 시립(侍立)하는데, 이를 운검(雲劍)이라고 한다. 그런데 마침 이날 운검을 성삼문의 아버지 성승(成勝)과 유응부(兪應孚)가 맡기로 되어 있었다. 성삼문은 아버지와 유응부가 신숙주(申叔舟), 한명회(韓明澮), 권남(權擥) 같은 왕의 측근을 제거한다면 일이 아주 쉬워질 거라고 생각했다.

그러나 일은 계획대로 되지 않았다. 거사 당일, 한명회가 창덕궁 광연전이 덥고 협소하다며 운검을 들이지 말 것을 건의했기 때문이다. 세조는 신숙주를 시켜 광연전 안을 다시 둘러보게 한 다음, 운검을 들이지 않기로 결정했다. 성삼문 쪽에서는 당황하지 않을 수 없었다. 더군다나 본래 연회에 참석하기로 한 세자도 오지 않는다는 거였다. 세자가 뒤늦게 거사 사실을 알고 군사를 거느리고 오면 일의 성패를 장담할 수 없었다. 성삼문과 박팽년(朴彭年)은 "운검을 들이지 않게 된 것, 또 세자가 본궁(경복궁)에 있게 된 것이 모두 하늘의 뜻"이라며 거사를 다음으로 미루자고 했다.

이때 성승과 유응부는 반대했다. 특히 유응부는 "일이란 빠른 것이 중요한데 만일 다른 날로 미루면 일이 누설될까 두렵고, 세자가 비록 본궁에 있다지만 다른 사람들이 모두 여기 왔으니 오늘 이 무리를 다 죽이고 상왕을 복위하면 세자도 어쩔 수 없을 것이다"라며 밀어붙이자고 했다. 그러나 박팽년과 성삼문이 끝내 반대했고 거사는 무산되었다. 며칠 후 반역으로 심문을 받을 때 유응부는 "사람들이 말하기를 서생(書生)과는 같이 일을 도모할 수 없다고 하더니 과연 그렇다"라며 결단을 내리지 못한 성삼문을 원망했다. 역모에 참여한 사람들은 대부분 능지처사(陵遲處死)를 당했고, 그 후손들 역시 거의 살아남지 못했다.

1672년(현종 13) 인왕산 비탈 무너진 곳에서 오지그릇이 발견되었다. 그 속에는 밤나무 신주 세 개가 있었는데 하나는 성삼문의 것이요, 나머지는 그 외손 박호(朴壕) 부부의 것이었다. 신주는 곧 성삼문의 외후손(外後孫)인 박씨 집안에 전해졌다. 왜 성삼문의 신주는 250여 년

이 지나서, 그것도 외손의 신주와 함께 발견되었을까?

성삼문에게는 다섯 명의 아들이 있었다고 하나, 모두 역모에 연좌되어 죽었다. 그러자 성삼문의 부인은 남편의 신주를 우선 종에게 부탁했고, 이후 종이 죽자 신주는 외손인 박호에게 전해졌다. 그런데 박호는 왜 외할아버지인 성삼문의 신주를 다른 사람에게 다시 부탁하지 않고 땅에 묻었을까?

우선 박호는 자식이 없어서 성삼문의 신주를 지킬 후손이 마땅치 않았다. 더군다나 성삼문의 외손이라는 사실은 불이익을 받을 수도 있었다. 박호는 과거에 급제한 후 정언에 제수된 적이 있는데, 당시 대사간으로부터 "역신의 후손이 간관이 될 수 없다"는 논박을 받았다. 결국 한참 후에야 다시 요직에 나갈 수 있었다. 또한 실록에 나와 있는 박호의 졸기(卒記)에는 그가 역적 성삼문의 외손이라는 사실을 특기하고 있다. 그의 죽음에까지 역적의 후손이라는 사실이 따라다닌 것이다. 박호는 훗날 형 박증(朴增)의 아들을 양자로 들였지만, 성삼문의 제사를 맡기지는 않았다. 아마도 부담스러웠을 것이다.

어쨌든 오지그릇 속에 있던 성삼문의 신주는 다시 박씨 집안으로 보내졌다. 박씨들은 여전히 홍주(충남 홍성)에 살고 있었고, 성삼문의 생가도 그곳에 있었다. 성삼문의 생가가 홍주에 있는 것은 그의 어머니 역시 박씨였기 때문이다. 성삼문은 자신의 외가에 딸을 시집보낸 것이다. 박씨 집안은 성삼문에게 외가이자 동시에 외후손가였다. 이 두 집안은 여러 대에 걸쳐 혼인을 한 것으로 보인다. 이른바 연혼(聯婚)이다.

그럼, 그 후 성삼문의 신주는 어떻게 됐을까? 박씨 집안에서는 계속 성삼문의 제사를 지냈다. 대표적인 외손봉사였다. 1691년(숙종 17), 숙종은 사육신을 재평가하면서 박씨 집안 문제도 고려했다. "지방에 유락(流落)한 외손이 지금 제사를 받들고 있는데, 가난하여 제사를 지낼 수 없다 하오니, 만일 그곳의 감사로 하여금 그 성명을 찾아 아뢰게 하여 등용해주시면 더욱 전하의 거룩한 덕을 빛나게 할 것입니다"라는 신하의 건의를 받아들인 것이다.

조선이 차용한 『대명률』은 역적 집안의 여자들에 대해 "어미와 딸, 처·첩, 아들의 처·첩 등은 공신의 집에 주어서 종을 삼고…… 만약 딸이 시집가기로 하여 그 지아비가 확정된 자는 연좌하지 않는다"라고 했다. 시집간 딸은 문제 삼지 않은 것이다. 시집간 딸은 곧 사위를 뜻하는데, 즉 사위 연좌가 없다는 뜻이다.

그러나 조선은 달랐다. 단종 복위 사건이 있은 후 세조는 "역모한 자들의 사위도 모두 먼 지방에 안치하라"고 명했다. 『대명률』에는 없는 법을 쓰고 있다. 물론 세조는 이 사위들을 곧 다시 방면하기는 하지만 어쨌든 일단 죄를 묻기는 한 것이다.

조선에서 장인과 사위의 관계는 긴밀했다. 함께 사는 경우가 많으니 그럴 수밖에 없었을 것이다. 사위들은 재산을 똑같이 나눠 받았고 때로 장인 대신 품계를 올려 받기도 했다. 중국의 사위들에 비해 대단한 혜택을 누렸다. 그러나 모든 친밀한 관계라고 하는 것이 어떻게 혜택만 볼 수 있겠는가? 처가가 역모에 관련되면 이처럼 연좌를 당하기도 했다. 조선의 사위들은 장인과 긴밀한 관계 속에 많은 이익을 얻기도 하고 또 때로는 함께 불이익을 받기도 했다. ⊙

한때의 전통이 다른 시절엔
금기가 되다

⊙

이번에는 고려 때 이야기를 한번 해보자. 왜 왕을 낳을 여자들은 산에 올라가 오줌을 누면 천지가 다 잠기는 꿈을 꾸는 걸까? "꿈에 서악(西岳)에 올라가 오줌을 누었더니 서울에 가득 찼다"는 김유신(金庾信) 누이동생의 이야기에서 시작된 이 스토리는 그 후 주인공을 달리하여 계속 반복되었다. 왕건(王建)의 증조할머니 진의(辰義)도 비슷한 꿈을 동생에게 산 적이 있다. 옛사람들은 왜 왕의 어머니가 될 사람의 능력을 이렇게 표현했을까? 아직은 해명이 어렵다.

고려의 다섯 번째 왕 경종의 왕비인 헌정왕후(獻貞王后, ?~992)도 같은 꿈을 꿨다. 그런데 재미있게도 헌정왕후는 과부가 된 상태에서 이런 꿈을 꿨다. 사건의 전말은 이렇다.

고려 왕실은 극심한 근친혼으로 유명한데, 헌정왕후는 중첩된 근친혼의 한가운데에 있었다. 우선 헌정왕후는 태조 왕건의 손녀였다. 아버지 대종이 왕건의 아들이었으니 당연한 계보이다. 그렇다면 헌정왕후의 성은 당연히 왕씨여야 하지 않을까?

그러나 헌정왕후는 『고려사(高麗史)』 열전에 헌정왕후 황보씨로 기록되어 있다. 왜 왕씨가 아니고 황보씨일까? 헌정왕후의 할머니가 황보씨로, 아버지의 외가 성을 따른 것이다. 고려는 이복 남매나 삼촌, 조카 사이에 혼인을 하는 경우가 많았는데, 이때 여자는 외가 성을 따르도록 했다. 강력한 유교 국가는 아니었지만 어쨌든 같은 성씨인 왕씨끼리의 결혼이 액면 그대로 드러나는 것을 좀 꺼렸던 모양이다.

경종과 헌정왕후는 사촌이자 부부였다. 그사이에 많은 배다른 관계가 얽혀 있지만, 왕건을 할아버지로 하는 사촌 사이인 것만은 틀림없다. 그런데 이들은 부부가 됐다. 그리고 더 재미있는 점은 헌정왕후의 언니도 경종의 부인이 됐다는 사실이다. 언니는 헌애왕후로, 드라마 주인공이 되기도 했던 천추태후이다. 헌애왕후가 훗날 태후가 되어 천추전(千秋殿)에 머물렀기 때문에 천추태후라고 부르게 된 것이다.

이들 자매가 한날한시에 시집을 갔는지, 시차를 두고 갔는지 사료로는 알 수가 없다. 또 몇 살 차이였는지도 확인할 수 없다. 그런데 헌애왕후와 헌정왕후 사이에는 중대한 차이가 있었다. 헌정왕후는 결혼 생활에서 그다지 재미를 보지 못했는지, 언니가 고려 7대 왕인 목종을 낳은 데 반해 그녀에게는 아이가 없었던 것이다.

경종이 죽은 후 헌정왕후는 사가(私家)로 돌아와서 살았다. 그때 그 집에서 예의 그 '오줌 꿈'을 꾼 것이다.

"곡령(鵠嶺)에 올라가 소변을 누었더니 소변이 흘러서 온 나라에 넘치고 그것이 모두 은(銀)바다로 변했다."

이상하게 생각한 헌정왕후는 점쟁이를 찾았다. 점쟁이는 "아들을 낳으면 왕이 되어 한 나라를 가지게 되리라"고 했다. 아니, 과부가 어떻게 아들을 낳는다는 말인가? 헌정왕후는 무심히 생각했다.

그런데 근처에 안종(安宗)이 살고 있었다. 안종은 왕건의 수많은 아들 가운데 한 명으로 이름이 욱(郁)이었는데, 어머니가 신라 경순왕의 조카딸이어서 신라 계열이다. 어찌되었든 헌정왕후에게는 삼촌이 되는 사람이었다. 두 사람은 모두 외로운 처지였고 자주 오가며 지냈다. 그러다가 드디어 헌정왕후가 임신을 하고 말았다. 사람들은 모두 이 사실을 알았으나 차마 발설하지 못했다.

그러던 어느 날 안종 집안의 종들이 마당에 나무를 쌓아놓고 불을 내서 사람들이 모여들게 했다. 안종과 헌정왕후의 '부적절한 관계'를 알리려는 의도였다. 당시 왕이었던 성종은 안종 집에 불이 났다는 말을 듣고 위문 차 왔다가 전후 사정을 듣게 되었다. 헌애왕후와 헌정왕후의 오빠였던 성종은 일단 안종을 귀양 보냈고, 헌정왕후는 이후 아이를 낳다가 죽고 말았다. 아이는 사생아로 취급되고 말 수도 있는 상황이었다. 그런데 이야기는 여기서 끝나지 않는다. 성종이 유모에게 아이를 양육하게 하고 대량원군(大良院君)으로 봉한 것이다. 성종의 배려가 컸다.

그러나 아이가 자라자 헌애왕후, 즉 이모는 이 아이를 몹시 미워했다. 헌애왕후는 자신의 아들(목종)이 성종의 뒤를 이어 왕위에 오르자, 천추태후로 불리며 권세를 누렸으나 항상 다음 왕위 자리가 대량원군에게 돌아갈까 봐 전전긍긍했다. 김치양(金致陽)과 사이에서 낳은 자신의 둘째 아들을 왕위에 앉히고 싶은 뜻이 있었기 때문이다.

천추태후는 대량원군이 성장하자, 정치권에서 멀찌감치 떨어뜨리기 위해 절로 보냈다. 그리고 여러 차례 사람을 보내 해치려 했다. 한 번은 궁녀를 보내 독약을 먹이려고까지 했다. 다행히 이를 눈치챈 절의 승려가 대량원군을 빼돌려 살아날 수 있었다. '예언대로' 대량원군은 죽지 않았고 목종이 왕위에서 떨려나자, 결국 왕위에 올랐다. 그가 고려 8대 왕 현종이다.

극심한 근친혼에 불륜, 거기에다가 신라의 핏줄까지……. 조선의 시각으로 보면 완전 '콩가루 집안'이다. 조선 시대였다면 현종은 절대 왕실의 핏줄로 인정받지 못했을 것이다. 하지만 고려에서는 왕위에까지 올랐다. 고려는 동성동본(同姓同本)이나 여자의 불륜보다도 누구의 혈통이 더 확실하냐를 따졌기 때문이다. 사실 동성동본이란 아버지 계통을 확실하게 중심에 놨을 때 할 수 있는 얘기다. 즉, 아버지가 이씨면 확실하게 이씨 성을 피한다는 얘기 아닌가? 아버지 계통이 강력한 힘을 가졌을 때 가능한 얘기다. 그러나 고려는 아버지 계통만이 힘을 가지고 있지 않았다. 어머니가 누구냐가 매우 중요했다.

조선 시대에는 동성동본 결혼을 금지하는 게 가능했고 하나의 전통이었지만, 고려에서는 그렇지 않았다. 이렇게 보면 한때의 전통이 다른 시절에는 금기가 되기도 한다. 그리고 오늘 우리에게는 조선의 동성동본 금지도, 고려의 얽히고설킨 근친혼도 모두 전통이다. 그것은 모두 당시의 사회에서 긴밀한 역할을 했고, 그 시대의 눈으로 바라보면 모두 의미가 있는 일이기 때문이다.

긴 역사를 바라보는 재미는 이렇게 여러 경우를 한꺼번 에 다 볼 수 있다는 데 있다. 오늘 죽을 것 같은 일이 내일이면 아무렇지도 않은 일이 될 수 있는 것. 역사를 길게 보면 사는 일에 훨씬 덜 당황하게 된다. ◉

집안의 중심, 여자

딸들은 상속받은 재산을
결혼 후에도 소유했을까?

"올케 언니, 내 재산 내놔요."

"그렇게는 못 해요."

1441년(세종 23) 4월, 죽은 감찰 이효근(李孝根)의 처 안씨는 오빠 안구경(安九經) 집에 가서 아버지 재산을 나눠달라고 요구하다가 구타를 당하고 쫓겨났다. 아버지는 이미 8년 전에 돌아가셨고, 또 근래에 오빠마저 죽은 상황이라 안씨는 재산 분배를 앉아서 기다리고만 있을 수 없었다. 그러나 올케 홍씨는 재산을 나눠줄 의사가 없었다. 결국 안씨는 자신을 구타한 조카를 고소하고 말았다. 조카는 장(杖) 80대에 처해졌고 안씨와 홍씨도 무사하지 못해서 경기도로 유배를 갔다. 양쪽이 모두 벌을 받은 것이다.

그런데 처벌은 그렇다 치고 과연 이들의 재산 분쟁은 어떻게 결론이 났을까? 안씨는 재산을 받았을까? 후속 기록은 없지만 아마도 안씨는 자기 몫의 재산을 나중에 받았을 것이다. 이보다 20여 년 전인 1418년에 세종은 "혹 부모가 죽은 뒤 같은 어머니에게서 난 한 가족이면서 노비와 재산을 모두 가지려는 욕심에서 혼인한 여자에게 재산을 나누어주는 것을 꺼리는 자가 있으면 엄히 죄를 주도록 하라"고 말한 바 있기 때문이다.

이는 조선의 고유 관습이었고 『경국대전』에는 구체적으로 그 비율까지 명시되어 있었다. 집안의 대를 이을 승중자(承重者)에게는 1과 5분의 1, 즉 20%를 더 주고 그 외는 아들이든 딸이든 무조건 1을 주게했다. 첩의 자식이냐 적처의 자식이냐의 구별은 있어도 아들딸에는 차이가 없는 게 조선의 상속법이었다.

가정(嘉靖) 45년(1566) 병인 5월 20일에 형제자매가 부모의 재산을 나누는 일을 의논함. 이 의논은 부모 양쪽의 토지와 노비를 분급하고 누락된 노비를 찾아오는 사람에게는 먼저 한 명을 준 후에 장유(長幼)의 순서에 따라 『경국대전』에 의해 시행할 일. 이제 제사에 따른 일들은 함께 의논하여 마련해서 다음에 기록할 일.

―「율곡선생남매분재기(栗谷先生男妹分財記)」

율곡 집안 남매들 재산 분할 문서의 서문이다. 우선 부모 양쪽의 재산을 나이순으로 차례대로 『경국대전』에 따라 나눈다는 사실을 알 수 있다. 이는 곧 자녀 균분 상속을 말한다. 아버지 이원수(李元秀)의 재산만이 아니라 어머니 신사임당의 재산까지 율곡과 그 남매들에게 똑같이 분배한다는 것이다. 실제로 각각의 분재 몫을 보면, 토지는 20~40복(卜)으로 차등이 있으나 노비는 대개 15~16구로 균등하게 분배했다. 토지 상속분에 차이가 있는 것은 땅의 비옥도나 집안 형편 등을 따른 것으로 보일 뿐, 특별히 아들딸에 대한 차등으로 보이지는 않는다. 즉, 같은 딸이라도 둘째 딸에게는 많이, 셋째 딸에게는 적게, 또 율곡에게는 많이 막내 위(瑋)에게는 좀 작게 분배했기 때문이다. 이러한 자녀 균분 상속은 16세기 당시 율곡 집안에서만 행한 일은 아니다. 16세기 대부분의 분재기(分財記)는 이처럼 정확한 균분 상속을 보여주고 있다.

그런데 이렇게 상속받은 재산을 여자들이 결혼한 뒤에도 자기 것으로 관리할 수 있었을까? 남편이나 시가의 재산과 섞여버리는 것은 아니었을까?

> 양맹규(楊孟糾)가 어미의 노비와 전답을 제 맘대로 다루므로 그 어미가 고소장을 올렸는데, 이번에는 그 아들이 죄를 모면하고자 어미의 의사였던 것처럼 또 소장을 올렸으니……
>
> —『세종실록(世宗實錄)』(세종 25년 2월 14일)

1443년 실록 기사로, 어머니가 아들을 상대로 소장을 낸 것이다. 모자간의 정리로 보아 심하다 싶을 만큼 어머니는 자신의 재산 지키기에 적극적이다. 아직 상속하지 않았으면 어머니의 재산은 어디까지나

남녀 균분 상속 분재기 강릉대도호부 판관을 지낸 권심의 처 손씨가 자식 4남매와 장손 그리고 첩 소생의
딸에게 노비 48명을 나누어준 분재기이다. 이 문서는 4남매에게 비슷한 수의 노비를 나누어주는데, 장남에
게 약간 더 많은 수의 노비를 상속하고 있는 것은 장남이 과거에 합격한 기념이라는 것을 명시하고 있다.

어머니의 재산이었다. 따라서 혼인한 여자가 자식 없이 죽으면 여자의 재산은 남편이나 시댁 소유가 되는 것이 아니라 친정으로 돌아갔다. 물론 조선 후기로 가면 후처 자식의 몫이 커지기는 하지만, 기본적으로 여자의 친정으로 돌려주는 게 원칙이었다. 조선에서 부부의 재산권은 별산제(別産制)적인 느낌마저 든다.

그런데 재산상 이렇게 권리를 가지면 거기에 책임이 따르게 마련이다. 세상에는 공짜가 없지 않은가?

> 무릇 기제사(忌祭祀)는 윤행(輪行)하지 않고 종자(宗子) 집에서 행하되 매년 자손들이 각기 쌀을 내서 제사를 돕고 친자녀는 10두를 내고 친손자녀는 5두를 내고 친증손자녀와 외손자녀는 2두를 낼 일.
>
> ─「율곡선생남매분재기」

제사를 돌려가면서 지내지는 말고 적당하게 제사 부담을 나눠가지라는 얘기다. 분위기로 봐서 전에는 제사를 아들딸이 돌아가며 지냈다는 것을 알 수 있다. 그러나 지금 시점에서는 윤행은 하지 말고 아들딸 구별 없이 물질적으로 부담을 하라는 것이다.

조선은 왜 이렇게 딸에게도 재산을 똑같이 나눠줬을까? 조선 중기까지 남자는 혼인하면 여자 집을 왔다 갔다 하거나 아예 눌러사는 경우가 많았다. 당연히 여자 집의 영향력이 컸다. 이런 영향력을 유지하기 위해서라도 딸들에게 재산을 줄 필요가 있었던 게 아닐까?

물론 조선 후기로 가면 여자들의 상속분은 줄고 대부분의 상속분이 큰아들에게로 간다. 여자들의 재산권은 전반적으로 위축된다. 그러나 우리 역사 전체를 놓고 보면 여자들이 재산권을 가지고 그것을 행사한 시간은 그렇지 않은 시간보다 훨씬 더 길다. 여자들은 오랜 기간 동등한 재산권을 통해 특별한 경제 능력을 보유했다. 그것은 세계 어디에도 흔치 않은 일이다. 우리나라 여자들은 기본적으로 재산 관리 감각이 있을 수밖에 없다. 오늘날 대부분의 집에서 여자들이 통장 관리를 하는 이유가 여기에 있는 게 아닐까 생각한다. ◉

아들과 딸이 돌아가며
제사를 지내다

◉

명절 후에 이혼 신청 수가 현저히 는다는 통계가 있다. 설날이나 추석을 전후해서 이혼 신청을 많이 한다는 것이다. 이때 문제를 제기하는 사람은 단연 남자보다는 여자 쪽이다. 왜 여자들은 명절 다음에 이혼을 결심하는 걸까? 물론 이미 누적되어온 감정이 있었고, 다만 그것이 설이나 추석을 통해 표면화되는 것이리라. 그런데 도대체 무엇이 이 감정을 표면화시키는 것일까? 아무래도 명절 제사가 아닐까 싶다.

> 문밖 어머님 기제사였는데 조 별좌가 오려고 하였으나 비 때문에 못 오시는가 싶다. 천남이를 데리고 떠를 띄우고 관을 씌워 제사를 지내니 슬프고 섭운 정이 그지없다. 외손자라도 있었으면 하고 생각하니 가슴이 아프기 그지없다. 조카들도 하나도 못 오니 그런 섭섭함이 없다.
>
> ─『병자일기(丙子日記)』(1638년 1월 18일)

남평 조씨(南平曺氏, 1574~1645, 이하 조씨 부인)의 일기로, 여기에서 문 밖 어머니는 친정어머니를 가리킨다. 그러니까 조씨 부인은 친정어머니의 기제사를 지내고 있는 것이다. 그런데 조카인 조 별좌가 비 때문에 못 오자, 할 수 없이 천남이만 데리고 제사를 지내고 있다. 조씨 부인은 남편 남이웅(南以雄)이 한성 판윤까지 지낸, 요즘 말로 하면 잘나가는 집안의 안주인이었다.

그런데 불행히도 조씨 부인은 아들 넷을 모두 일찍 잃고 말았다. 둘째 아들은 장가도 들고 벼슬까지 했지만 무슨 일인지 스물다섯 살에 죽었다. 며느리도 얼마 후 죽어서 자신이 낳은 자식이라고는 하나도 없었다. 그러니 제사 대상인 친정어머니에게도 외손자가 없는 게 당연했다. 천남이가 있다고 하지만 그는 첩의 자식이었다. 자신의 아들이 없으니 천남이한테라도 관을 씌워 제사를 지내고 있는 것이다. 조카들은 남편 집안 조카들인데, 그들마저도 아무도 못 왔다. 제사 장면이 참 쓸쓸하다.

그러나 쓸쓸하기는 해도 조씨 부인은 친정어머니 제사를 본인이 직접 주관하고 있다. 조씨 부인에게 남자 형제들이 없었던 걸까? 아니다. 조 별좌는 오빠의 아들이었다. 그렇다면 친정집에 제사를 주관할 남자들이 있다는 말이다. 실제로 조씨 부인의 친정아버지 제사는 오빠네에서 지내고 있었다. 조씨 부인은 때때로 그 제사에 가지 못하는 것을 안타까워했다. 그렇다면 왜 친정어머니 제사를 직접 지내고 있는 것일까?

17세기까지도 조선에서 딸이 친정 부모의 제사를 지내는 것은 그렇게 이상한 일이 아니었다. 누누이 말하지만 이 시기까지 조선은 남귀여가혼의 영향 속에 살았다. 혼인해서 남자가 여자 집에 오래 거주하는 형태였기에, 딸과 사위가 제사에서 일정 역할을 담당하는 것은 자연스러운 일이었다.

조선 중기까지 이른바 전문 용어로 윤회봉사(輪廻奉祀), 분할봉사(分割奉祀)니 해서 딸들이 제사에 참여하는 것은 어느 집에서나 어렵지 않게 볼 수 있었다. 윤회봉사는 말 그대로 제사를 돌려가면서 지내는 것이고, 분할봉사는 분담하는 것이다. 가령 아버지 제사를 올해는 큰 아들이 지내고 내년에는 작은아들이 지내는 것은 윤회이고, 아버지 제사는 아들이 어머니 제사는 딸이 맡으면 그건 분할이다.

조씨 부인이 친정어머니 제사를 지내는 것은 대표적인 분할봉사이다. 조씨 부인 집에는 윤회봉사 형태도 물론 있었다.

『병자일기』를 보면 "사직골 대기(大忌)에 제물을 차려서 보냈다. 닷젓골댁의 차례지마는 우리가 했다"는 내용이 나온다. '사직골 대기'란 시아버지 제사이다. 시아버지 제사 제물을 이번에 둘째 동서인 닷젓골댁이 마련할 차례인데, 조씨 부인이 대신했다는 것이다. 둘째 집에 무슨 일이 있었던 모양이다. 물론 여기서는 완전히 돌아가며 지내는 형태는 아니고 제사 자체는 큰집에서 하는데, 제물만 돌아가면서 준비하는 반윤회로 보인다.

또한 "외조모님 기제일이다. 정랑댁 차례라고 해서 두하가 와서 지냈다"라는 내용도 있다. 남편 외조모님 제사인데, 넷째인 정랑댁 차례라서 그 집 아들 두하가 와서 지냈다는 얘기다. 유난히 조씨 부인은 순서가 아닌데도 제사를 대신 지내는 경우가 많다. 아마도 남편이 잘나가는 사람이라서 그런 것 같다. 어쨌든 외조모님 제사를 지낸다는 사실은 흥미롭다. 남편 형제들이 자신들의 어머니 집안 제사를 챙기고 있다는 얘기이기 때문이다. 일종의 외손봉사(外孫奉祀)이다. 17세기 전반까지 양반가의 제사 풍속은 우리가 흔히 알고 있는 조선 시대 제사 모습과 영 딴판이었다.

이런 상황이라면 조선 시대 여자들의 제사에 대한 느낌은 오늘날 여성들의 그것과 크게 달랐을 것이다. 친정어머니 제사를 지내면서 그렇게 스트레스를 받지는 않았을 것 같다. 현재 여자들이 명절 제사에 부담감을 느끼는 것은 몸이 고단하기 때문만은 아니다. '내가 주인이다'라는 생각을 갖기 어렵기 때문이다. 남자 집안 제사를 위해 일만 한다는 생각이 여자들을 힘들게 한다. 그런데 내가 내 집 제사를 지낸다면 얘기는 다르다. 또 제사가 온전히 어느 한 집 차지가 아니라는 것도 부담감을 적게 한다. 17세기 이전 조선의 여성들은 제사를 그다지 피곤하게 느끼지 않았을 것으로 보인다.

그러나 조선의 이런 제사 풍속은 그대로 유지되지 않았다. 17세기를 기점으로 조선은 좀 더 남자 집안 중심의 제사를 원했고 현실은 그렇게 변해갔다. "사위나 외손자는 제사에 빠지는 자가 많고 비록 제사를 지내더라도 준비가 정결하지 못하고 정성과 공경이 부족하니 이는 제사를 지내지 않은 것만 못하다"라는 부안 김씨 집안의 고문서 서문에서 그 변화를 읽을 수 있다. 사위나 외손자가 정성이 부족하다고 하는데, 처음부터 그랬을까? 딸이나 사위가 아닌 아들과 며느리 중심으로 가족 관계가 움직이기를 바라는 마음으로 바라보니까 그렇게 보였던 것은 아닐까?

제사가 여러 집으로 옮겨 다니지 않고 한곳에 고정되면 그것을 전담하는 사람에게 힘이 생긴다. 조선은 점차 힘이 한곳에 집중되기를 원했다. 이른바 중국과 같은 부계 중심의 가족 제도로 옮겨가려고 한 것이다. 부계 중심의 가족 제도는 당시로서는 선진적인 제도였다. 실제로 빨리 부계 중심으로 변화해간 집안이 더 잘살고 번성했다.

이제 제사는 장남에게 맡겨졌다. 장남(종손)과 맏며느리(종부)는 가문의 핵심적인 존재가 되었다. 그러면 이 시기에 와서 조선의 맏며느리들은 본격적으로 제사 스트레스를 받았을까? 아니라고 본다. 제사를 담당하는 종부는 막강한 권한을 가진 존재였다.

> 맏며느리는 모든 문제를 시어머니에게 의논하고, 다른 며느리들은 맏며느리에게 물어야 한다.
> 일반 며느리들은 맏며느리와 대적할 수 없으니…… 맏며느리와 나란히 걸어서도 안 되고, 윗사람 명령을 똑같이 받아서도 안 되며 나란히 앉아서도 안 된다.
>
> — 『예기』 「내칙」(12)

맏며느리의 절대 권위를 보여준다. 종부가 일찍 죽으면 종손은 반드시 다시 혼인해야 했다. 종부 자리를 비워둘 수 없기 때문이다. 가문 중심의 조선 사회에서 종부는 사회적 위치가 있는 존재였다.

집안에 조상의 사당을 갖추지 못한
사람들이 제사를 모실 때 사용한
「감모여재도」

돌아가신 분의 위패를 모시는 감실

조선 후기 장남과 맏며느리는 분명 다른 자식들보다 상속을 많이 받았다. 제사에는 돈이 들기 때문에 제사를 위해서라도 상속 몫이 커야 했다. 또 가문에서는 추렴을 해서 제사 재산을 따로 마련해두기도 했다. 물론 종손과 종부에게 그 관리권이 있었다. 여자들은 딸로서 자기 집안 제사는 지내지 않게 됐지만, 맏며느리로서는 또다시 제사의 주체가 된 것이다. 맏며느리들은 제사에서 자부심과 만족감을 동시에 느낄 수 있었다.

그런데 오늘날은 어떤가? 맏며느리가 다른 며느리보다 재산을 더 많이 상속받는가? 맏며느리의 권위가 서 있기는 한가? 훌륭하다는 명예라도 주어지는가? 권한이나 권리는 이미 사라졌다. 그런데 의무는 남아 있다. 여기에 딜레마가 있는 것이다. 권리는 없고 의무만 있는 일을 누가 기꺼워하겠는가? 결코 장남과 맏며느리들이 나빠져서 제사를 부담스러워하는 게 아니다. 사회 시스템이 바뀌었을 뿐이다.

요즘 결혼 생활에서 여자 집안 역할이 얼마나 커졌는가? 직장 다니는 여자의 육아는 대부분 친정이 감당하고 있다. 더는 한쪽 집안 중심의 가족 제도로 우리의 가족 관계를 담아낼 수 없다. 그런데 제사가 여전히 남자 집안 중심이면 여자들이 만족감을 얻을 수 없는 것은 당연하다.

추석을 잘 보내는 방법으로 '음식량을 줄여야 한다', '남자들이 도와야 한다'라는 등의 안이 나오고 있다. 필요한 일이다. 그러나 이것은 근본적인 해결책이 아니다. 제사를 그 자리에 그대로 두고는 근본적인 해결책이 나올 수 없다. 제사가 바뀌어야 한다. 조선 중기 이전처럼 여자 집 제사도 지내든지 아니면 돌아가면서 하든지, 제사 지내는 자식에게 더 많은 상속권을 주든지……. 이도 저도 아니면 제사를 축제로 만들어서 모이는 것 자체가 즐겁게 하든지…….

현재 모두가 불편해하고 힘들어하기 때문에 제사는 변화할 수밖에 없다. 명절 스트레스는 여자에게만 있는 것이 아니다. 남자들도 의무만 남아 있는 제사 때문에 아내와 불화하고 싶지는 않을 것이다. 이렇게 많은 사람이 불편을 느끼면 결국 변화는 올 수밖에 없다. 그 변화는 제사를 변형한 것일 수도 있고, 전혀 새로운 것일 수도 있으며, 또 제사 자체가 없어질 수도 있다. 제사가 없어진다 해도 그렇게 놀랄 일은 아니다. 사실 조선 이전에는 지금 같은 제사는 없었으니 말이다. 어차피 제도와 관습은 인간의 필요에 따라 만들어지고 소멸되는 것이다. 어쩌면 이미 달라진 가족 관계에 맞는 새로운 제사 방식이 소리 없이 만들어지고 있는지도 모른다. ◉

맏며느리의 저력

⊙

　1560년 어간 퇴계 이황(李滉, 1501~1570)과 고봉 기대승(奇大升, 1527~
1572)은 총부(冢婦) 문제로 논쟁을 했다. 총부란 남편이 죽고 없는 맏며
느리를 말한다. 퇴계는 총부에게 제사권을 줄 수 있다고 보았고, 고봉
은 둘째 아들에게 넘겨야 한다는 생각이었다. 요즘 같으면 제사권이
누구에게 가든 무슨 상관이랴 싶지만, 당시에는 한다하는 두 학자가
편지로 묻고 답하기를 할 만큼 중요한 논제였다. 도대체 왜 이런 논쟁
이 벌어졌을까?

　조선 명종 때의 일이다. 성종의 아들인 무산군(茂山君)에게는 아들
이 셋 있었다. 첫째가 귀수, 둘째가 미수, 셋째가 석수였다. 그런데 큰
아들 귀수가 아들도 없이 일찍 죽고 말았다. 귀수의 부인, 즉 총부가
살아 있었지만 시어머니는 둘째인 미수에게 집안 제사를 맡겼다. 이

후 미수는 제사뿐만 아니라 무산군으로부터 이어지는 종실의 작호(爵號)까지 받아 명실상부한 집안의 계승자가 되었다.

그렇게 10년이 지나고 어느 날, 귀수의 부인이 셋째 석수의 아들을 양자로 삼았다. 그러니까 죽은 귀수에게 아들이 생긴 것이다. 그러면서 귀수의 부인은 총부의 권리를 주장하고 나섰다. 집안의 제사권을 돌려달라는 것이었다. 이미 둘째 집으로 넘어가 10년이나 된 제사권을 무슨 수로 되돌린단 말인가?

1551년(명종 6) 8월 조정은 이 문제로 뜨거웠다. 그대로 둘째 아들이 제사를 계속해야 한다는 주장과 총부에게 돌려줘야 한다는 의견이 팽팽히 맞섰다. 여기서 왕은 총부에게 돌려줘야 한다는 쪽의 손을 들어주었다.

"적자가 제사를 주관하는 것은 천하에 공통된 법이다. 그러니 제사를 이어서 주관하는 일은 귀수에게로 영원히 정하도록 하라. 그런데 미수는 10여 년 동안 재상의 반열에 있었으니 지금 와서 그 작호를 빼앗기는 미안하다. 작호는 그대로 주도록 하라."

이 판결이 있고 8개월 후 여맹온의 처도 똑같이 자신의 권리를 주장하고 나섰다. 시어머니가 죽자 바로 밑 시동생이 자신의 아들 문망으로 하여금 할머니 상을 치르고 또 집안을 잇게 할 뜻을 보였기 때문이다. 여맹온의 처는 "내가 총부이니 봉사하는 일은 당연히 내 손에서 나와야 한다. 남편 셋째 동생의 아들인 의남이로 제사를 잇게 할 것이니 너는 상관할 필요 없다"며 문망을 배제시키고자 했다.

이 문제도 조정에서 논란이 됐다. 왜냐하면 당시 문망이 과거 준비를 하고 있었는데, 만일 그가 상주(喪主)가 되면 과거에 나갈 수 없기 때문이다. 사실 문망 자신도 상주가 되는 것보다는 과거 보는 것을 더 원했고, 여맹온의 처는 이를 밀어붙였다. 결국 문망은 상복을 벗고 과거에 나갔다.

이후 퇴계와 고봉의 논쟁을 거쳐, 총부와 양자에게 제사 우선권을 주는 것은 조선에서 보편적인 원리로 자리 잡았다. 무산군 집안의 귀수 부인, 여씨 집안의 여맹온 처가 여기에 만만치 않은 역할을 했다. 양자로 들일 만한 조카를 찾아서 결국 상황을 바꿔놓았으니 말이다.

흔히 우리나라에서 양자 들이기가 중국보다 심했던 것은 남자들의 의리, 명분론 때문이라고 하는데, 사실은 이 총부들의 의지가 중요하지 않았나 생각된다. 총부들은 제사권을 잃어버리면 낙동강 오리알 신세가 되었다. 맘씨 좋은 시동생이라면 종가에 그냥 눌러살 수도 있겠지만, 사나운 시동생이라도 만나면 재산도 없이 하루아침에 쫓겨날 수도 있었다. 퇴계가 둘째에게 제사권이 돌아가는 것을 염려한 이유도 여기에 있었다. 총부들은 자신의 입지를 지키기 위해 양자 들이기에 적극적이었고, 가능한 한 먼 친척에서 양자를 데려오려 했다. 바로 밑 시동생에게서 데려오면 생부인 시동생의 영향력이 커지기 때문이다.

시동생에게 승계권을 내놓고 끝내는 죽기에 이른 사람이 바로 소현세자빈 강씨(昭顯世子嬪 姜氏, 1611~1646, 이하 강빈)이다. 강빈은 남편 소현세자의 죽음으로 이른바 총부의 위치가 됐다. 강빈에게는 아들이 세 명이나 있었고 그 첫째 아들은 당연히 왕위 계승 서열 1위였다. 퇴계가 말한 바 있고 국가도 이미 인정하고 있는 계승법이었다. 그러나 왕위는 시동생 봉림대군에게 돌아갔다.

대저 능히 상경(常經)의 도를 지킬 수 있으면 비록 위태로운 경우를 당하더라도 가히 나라를 보존시킬 수 있으나 만약 경솔히 권도(權道)를 쓰게 되면 인심이 복종하지 않게 되어 환란을 초래케 하는 경우가 많습니다. 이제 온 나라 사람들이 원손(元孫)에게 촉망을 둔 지 이미 오래되었는데 만약 이러한 말을 듣게 되면 서울과 지방의 인심이 반드시 물결처럼 술렁이게 될 것이니 심히 두려워할 만한 일입니다.

— 『인조실록(仁祖實錄)』(인조 23년 윤6월 2일)

이는 이경여(李敬興)가 종법에 따라 소현세자의 아들에게 왕위를 물려주는 것이 떳떳한 도리[常道]이고, 봉림대군으로 세자를 삼는 것은 권도에 해당한다고 인조에게 재고를 요청할 때의 논거이다. 이미 조선에서는 맏아들이 죽고 없어도 그 아들, 즉 맏손자로 가계를 잇게 하는 게 하나의 원칙이 되었다는 사실을 알 수 있다. 당시 대부분의 신하들은 이경여와 비슷한 생각이었다. 그러나 인조는 결국 봉림대군을 선택했다. 그러고는 이어서 강빈을 사사(賜死)했다. 인조는 강빈이 살아 있으면 언제 다시 총부의 권한을 행사하려 들지 몰라서 사사한 것은 아닐까?

우리나라는 본래 중국과 달리 총부의 권한이 강했다. 조선의 총부는 남편 사후 제사를 계속 받들 수가 있었으며, 아들이 있을 때는 물론이고 아들이 없는 경우라도 양자를 들여[立後] 제사를 상속받을 수 있었다. 즉, 가계 계승에 막대한 영향을 미칠 수 있는 존재였다. 결론적으로 조선의 맏며느리들은 결코 만만한 존재가 아니었다.

하지만 이제 시대는 많이 바뀌어 맏며느리의 권한은 그렇게 강하지 않다. 어쩌면 권한은 없고 의무만 남아 있는 상황인지도 모른다. 여자들은 더는 맏며느리이고 싶어 하지 않는다. 그렇다면 오랫동안 조선의 가족 제도 안에서 강력한 힘을 가졌던 맏며느리들의 저력은 그냥 그렇게 사라지고 말았을까? 오랜 경험에서 축적된 능력은 쉽게 사라지지 않는다. DNA에 기억되고 있기 때문이다. 우리나라 여성들이 집에서든 밖에서든 적극적인 생활 태도를 보이는 것이 이 맏며느리의 DNA에 얼마간 힘입고 있다고 보면 지나친 생각일까? ⊙

투기도 부덕도 여자의
생존 전략

이문건(李文楗, 1494~1567)의 부인 김씨는 유난히 질투가 심했다. 이문건은 16세기 중반 경북 성주에 귀양 가 있으면서 『묵재일기(默齋日記)』를 썼는데, 1552년(명종 7) 겨울에 쓴 일기에 기생 때문에 부인에게 호되게 당한 내용이 나온다. 조선 시대 귀양살이는 관직에서 쫓겨나 특정 지역에 거주해야 한다는 사실을 제외하면 일반 생활과 크게 다르지 않았다. 지역 관직자와 교류가 빈번했고 그 때문에 행사나 연회에도 종종 참석했다. 지역 수령들은 서울에서 벼슬하다 유배 온 사람을 무시하지 못했다. 언제 다시 서울로 복귀할지 모르기 때문이다. 이런 유배 생활 중에 부인 김씨는 관기 종대(終代)와 이문건 사이를 의심해서 집요하게 추궁하곤 했다.

부인이 밤새 해인사 숙소에서 이상한 일이 없었는지 자세히 물었다. 기생이 방에 있었다고 말하자 부인이 크게 화를 내며 꾸짖었다. 아침이 되자 베개와 이불 등을 모아 칼로 찢고 불에 태웠다. 그리고 두 끼를 먹지 않고 종일 질투하며 꾸짖으니 염증이 난다.

—『묵재일기』(1552년 10월 5일)

과거 시험 동기 모임에 갔다가 하룻밤을 자고 온 이문건은 그야말로 봉변 아닌 봉변을 당했다. 베개와 이불을 찢고 불에 태웠다는 것이 도저히 조선 시대 양반집 부인의 행동으로는 믿어지지 않는다. 그러나 이문건이 직접 쓴 일기 내용이다.

부인이 이렇게 질투를 하게 된 데는 이유가 있었다. 이문건과 종대는 좀 친했다. 연회가 있을 때 서로 옆에 앉고 싶어 하는 사이였는데 부인이 이를 눈치챈 것이다. 그런데 사실 해인사에 갔을 때 거기에 종대는 없었다. 해인사 연회에는 그 지역 기생이 참여했다. 그런데도 부인이 이렇게 질투하는 것은 이미 종대와 이문건의 관계를 의심하는 상태라, 모든 기생과 외박이 경계의 대상이 되었기 때문이다.

그런데 이문건은 해인사 사건 한 달 후 또 외박을 했다. 부인은 "멀지도 않은 곳인데, 어떻게 밤에 돌아오지 않고 기생을 끼고 남의 집을 빌려 잘 수 있습니까? 이것이 어찌 노인이 할 일입니까? 제가 상심해서 자지도 못하고 먹지도 못하는 것은 생각지도 않았습니까?"라며 또 호되게 남편을 꾸짖었다. 여기서 남편을 노인이라고 하는 것은 사실 이해가 된다. 이때 이문건은 이미 쉰아홉 살이었다. 그렇다면 부인은 그렇게까지 질투를 하지 않아도 될 듯한데 상황은 그렇지가 않다. 이날의 닦달은 하도 심해서 무던한 이문건도 결국 대답이 부드럽게 나올 수 없었다고 했다. 밤이 되어서야 조금 풀어져 약간 요기를 하고 부인과 함께 누웠는데, 부인은 또 종대 얘기를 했다. 이문건은 진저리를 쳤다.

그런데 며칠 후 이문건은 그만 또 실수를 하고 말았다. 어떤 모임에 갔다 와서 딴에는 농담을 한다고 "오늘 기생 중에 예쁜 애가 없더라"라고 했다. 이것이 화근이었다. 부인은 벌컥 화를 내며 또 종대를 생각해서 그런다며 질책을 그치지 않았다. 그러더니 초저녁에는 아예 아래채로 내려가버렸다. 이문건은 이날의 일기에서 부인을 '질투의 화신'이라고 적었다.

이런 일련의 일기 내용으로 봐서는 조선 시대 칠거지악에 정말 투기가 한 조항으로 있기는 했나 의구심이 들 정도이다. 김씨 부인은 투기가 부덕에 어긋난다는 의식이 조금도 없어 보인다. 이는 무엇보다도 부인의 개인적인 성격에 기인할 것이다. 그러나 또 이때가 비교적 조선 초기라서 여자들이 아직 유교적인 도덕성에 그다지 심취하지 않았던 시대 배경도 이유가 될 것이다. 결국 이런 일을 겪고 나서 이문건은 종대와 더는 관계를 발전시키지 못한다. 이문건 쪽에서도 나름대로 현

기방과 기녀 기생은 본래 기능인으로 출발했지만, 시대가 내려올수록 성적 대상으로서의 의미가 커져갔다.

실과 타협할 수밖에 없었으리라.

인류 역사가 남성 위주로 편재된 후 여자들은 사랑에 목을 매왔다. 남자들이 권력을 통해 자신의 영역을 넓히는 데 반해 여자들은 사랑을 통해 이익을 확보할 수 있었기 때문이다. 질투란 사랑을 지키려는 노력으로 여자들의 생존 전략이었다. 하지만 어찌 보면 질투만이 아니라 부덕도 사랑을 확보하려는 노력이기는 마찬가지였을 것이다. 조선에서는 대개 투기보다는 부덕으로 사랑을 유지하는 게 더 일반적이었을 테니까.

> 천남이 어미가 오시(吾時)에 아들을 낳았다. 영감 마음이 우쭐우쭐하시다. 나는 어찌된 팔자가 딸 하나와 아들 넷을 낳았으나 종적도 없어졌는가? 나이도 많고 병이 드니 더욱 설워한다. …… 차자(次子)를 얻으셔도 가지 못하시니 민망하다.
>
> —『병자일기』(1640년 1월 11일)

『병자일기』를 쓴 조씨 부인이 첩이 둘째 아들을 낳은 것을 바라보면서 적은 감회이다. 이미 나이가 들었기 때문이기도 하지만 조씨 부인은 전혀 질투하는 마음이 없다. 이때 조씨 부인은 이미 환갑을 넘긴 나이였다. 오히려 남편을 위해 반기는 분위기다. 바쁜 남편이 아들을 얻었는데도 가보지도 못하는 것이 민망하다는 말이 그렇다. 이렇게 첩이 된 지 오래이면 첩을 첩으로서 인정하는 관계가 형성되었던 듯하다.

그리고 사실 조씨 부인은 첩에 대해 마음 쓸 겨를이 없었다. "손님 네들이 종일 오시니 다 기록하지 못하겠다", "손님이야 그칠 사이가 있으며 약주 아니 자실 리가 있으랴"와 같은 접빈객에다가, 또 사직골 대기와 양어머니 제사, 친정어머니 제사 같은 봉제사(奉祭祀)로 늘 바쁘기 때문이다. 말하자면 남편이 대사헌에 오를 정도의 집안에서 적처는 적처로서의 역할과 위치가 있어서 신분이 다른 첩과 애초부터 경쟁이 되지 않았다. 또한 첩이 아들을 낳았더라도 그 아들은 집안의 권력을 차지할 수 없었다. 조선의 적처들은 비교적 질투해야 할 요소가 적었다고 할 수 있다. 그래서 더 부덕을 보여줄 수 있었는지도 모른다.

오랜 세월 여자들은 사랑을 차지하기 위해 노력해왔다. 그것이 곧 생존 전략이었다. 투기는 직접적인 투쟁 방식이었고 부덕은 우회적으로 사랑을 지키는 방식이었다. 어쩌면 방식이 어떠했느냐는 그렇게 중요하지 않을지도 모른다. 그사이 여자들은 사랑에 대한 기술을 쌓아갔으리라는 점이 중요하다. 남자들에게 권력을 쟁취하고 지키는 기술이 있듯이 말이다. 권력 위주의 사회에서 여자들의 사랑 전문성은 사랑 타령 정도로 치부되어왔다. 그러나 소통의 중요한 방식으로 사랑이 강조되는 오늘날에는 여자들의 사랑 노하우가 꽤 쓸모가 있지 않을까 생각된다. ◉

중국의 전족,
조선에는 왜 없었을까?

◉

　중국에는 전족(纏足)이 있었다. 세계 여성사에서 전족은 악의 상징
이다. 전족만큼 여성을 옥죈 것도 없다는 생각 때문이다.

> 뾰족하나 수척한 모양은 아니고, 발을 디디면 원숭이가 나무에 오르는
> 형상이다. 이른바 '대갓집의 하녀가 마님을 흉내낸다'는 격으로 그 자리
> 에 있어도 행동거지가 부자연스러우니 진짜 같지가 않다.
>
> —『향련품조(香蓮品藻)』

　청의 방현(方絢)은 『향련품조』에서 전족을 9품으로 나누었는데, 위
의 내용은 가장 하품에게 준 평가이다. 그는 통통하지도 않고 거친
발은 아예 진짜 같지도 않다고 말했다. 반면 최상위의 발에 대해서는

조선의 가족,
천 개의 표정

"화려함과 섬세함이 적절함을 얻었고 길고 짧음이 적합하다. 마치 손바닥 위의 서시(西施) 같으니 찡그리든 웃든 그대로 자연스럽다. 이 이상의 훌륭한 발이 있을 수 없고 둘이 나올 수 없는 발이다"라고 찬사를 보냈다. 남자들에게 어필하는 것이 지금보다 훨씬 중요했던 전근대 시기에 여자들이 어떻게 이런 평가로부터 자유로울 수 있었겠는가?

청의 이여진(李汝珍)은 소설 『경화연(鏡花緣)』에서 전족의 고통을 표현하는 데 남자를 등장시켰다. 임지양(林之洋)이라는 남자가 왕비로 선발되면서 전족을 하게 된다는 상황 설정이다.

> 한쪽은 무지막지하게 싸매고 한쪽은 단단히 꿰매는데 임지양의 주위에서 네 명의 궁녀가 그를 꼭 붙잡았다. 다 싸매고 나니 발에 숯불이 타오르는 것처럼 통증이 왔다. 그는 저절로 비참한 생각에 대성통곡을 했다. '나를 생매장시키는구나.' 두 발을 싸매고 나서 여러 궁녀가 급히 부드러운 바닥으로 된 붉은 신을 그에게 신겼다. 임지양은 오랫동안 울었다.
>
> —『경화연』

전족하는 고통을 남자들이 한 번쯤 생각해보라고 일부러 주인공을 남자로 한 듯하다. 소설에서는 전족의 고통을 숯불에 타는 것과 같은 통증이라고 표현했는데, 전족을 하는 여자라면 누구나 이런 고통을 겪었을 것이다.

이렇게 고통이 극심했는데, 왜 중국에서는 전족이 유행하고 지속되었을까? 전족은 10세기경 무희들 사이에서 시작되었다고 한다. 발을 좀 더 강하고 우아하게 보이려고 헝겊으로 감았다는 것이다. 그런데 송 때 남쪽 지방이 개발되면서 돈을 번 사람이 많아졌고, 무희를 첩으로 들이기 시작했다. 부인들은 첩이 남편에게 사랑받는 이유를 살피다가, 첩의 작은 발에 생각이 미쳤다.

이유는 정확히 알 수 없지만 남자들은 작은 발을 섹시하다고 생각했다. 부인들은 자신은 이미 틀렸지만 어머니로서 딸의 발을 그대로 둘 수 없었다. 그렇게 어머니들은 딸의 발에 헝겊을 감기 시작했다. 딸이 남편의 사랑을 듬뿍 받기를 바라서였다. 물론 첩과 벌이는 경쟁에서도 지지 않기를 바랐다. 남편의 사랑에 따라 자신의 위치가 달라진다면, 당연히 여자들은 그 사랑을 얻기 위해 모든 노력을 기울일 것이다. 그리고 그 사랑을 위해 여자들 스스로 자신의 발을 싸맸다.

그런데 조선에는 전족이 없었다. 강력한 중국의 영향 아래 있었지만 조선은 전족으로부터 자유로웠다. 왜 조선에서는 전족이 필요치 않았을까? 조선의 여자들은 남편의 애정도에 따라 그 위치가 정해지지 않았다. 부인과 첩의 위치가 확연히 달랐기 때문이다. 물론 부인과 첩에 대한 구분은 중국이 원조지만, 조선과 중국은 경중의 차이가 있었다. 그러니까 중국은 부인과 첩의 위치는 구분하지만, 태어난 아들들에 대해서는 차이를 두지 않았다. 정식 부인에게 아들이 없으면 첩의 아들이 집안을 이었다. 그러나 조선은 첩이 낳은 아들은 집안을 이을 수 없었다. 부인에게 아들이 없으면 양자를 들일지언정 첩의 아들은 해당 사항이 없었다.

전근대 시대 아들에 따라 크게 좌우되는 여자들의 위치를 생각한다면, 중국에서는 오히려 적처의 위치가 절대 불변일 수 없었다. 첩이 적처의 위치를 넘보는 것이 어느 정도 가능했다. 그러나 조선에서는 첩이 아무리 남편에게 사랑받고 또 아들을 많이 낳아도 적처의 지위를 넘볼 수 없었다.

조선의 여자들이 자신의 위치를 확인받는 것은 자신의 집안, 즉 친정을 통해서였다. 조선에서는 혼인할 때 남자 집안과 여자 집안이 비교적 대등하게 결합했기 때문에 남자의 여자 집안에 대한 의존도가 높았다. 남자에게 여자는 단순히 여자가 아니었다. 여자 집안의 대표자였다. 거듭 말하지만, 조선에서 여자들이 혼인 후에도 자신의 성(姓)을 유지하는 것은 바로 여자 집안의 대표자라는 표시였다. 남자들은 부인의 위치를 잘 보존해줘야만 여자 집안으로부터 지원을 계속 받을 수 있었다. 여자들은 집안이라는 든든한 뒷배가 있었던 것이다.

이런 사정으로 조선의 여자들은 기본적으로 좀 셀 수밖에 없었다. 정도전(鄭道傳)이 "우리나라 여자들은 교만하다"라고 한 게 괜한 말은 아니었다. 그리고 이미 집안에서 안정적인 위치를 확보하고 있었기 때문에 조선의 여자들은 성적 이미지에 집착할 이유가 없었다. 조선 시대 여자들은 중국과 달리 성적 파트너보다는 집안 공동 운영자의 이미지가 더 강했다. ◉

신여성 인수대비

　대개 어우동(於宇同)을 시대를 앞서간 여자라고 말한다. 감히 조선 시대에 자신의 감정에 충실하며 여러 남자와 관계를 맺었으니 그럴 만하다. 그런데 가만 생각해보면 사실 이 시기에 어우동 같은 여자는 그렇게 드물지 않았다. 세종 때 판관 최중기(崔仲基)의 처 유감동(兪甘同)도 있지 않은가? 당시 감동은 양반 여성으로 수십 명의 남자와 관계를 맺은 죄로 장형을 맞고 노비로 내쳐졌다. 그래서 어떤 이는 지나가는 말로 어우동을 구시대의 여자라고 말하기도 한다.

　조선 초기는 변화의 시대였다. 고려의 모습을 버리고 유교 사회로 가려는 움직임이 한창이었다. 물론 고려의 모습이 많이 남아 있었지만 흐름을 막을 수는 없었다. 그런 중에 어우동은 변화보다는 살아오던 대로 산 사람이었다. 감정의 절제를 중시하는 조선 성리학의 물이 아직은 덜 들었다는 얘기다. 그래서 '구시대 여성'이라는 것이다.

그런데 인수대비(仁粹大妃, 1437~1504)는 달랐다. 인수대비는 시대가 바뀌고 있다는 것을 빠르게 포착해낸 사람이었다. 인수대비는 아들 성종에게 불교 옹호론을 제기하는 등 불교에 여전히 강한 친밀감을 가지고 있었다. 그런데 1475년(성종 6) 『내훈(內訓)』을 만들었다. 흔히 인수대비의 『내훈』은 여성들을 윤리 규범이라는 틀 속에 넣으려고 한 교훈서라고 말한다. 이는 『내훈』의 제작 의도가 단지 성리학적 윤리 규범의 적용에만 있는 것처럼 보이게 한다. 사실 교훈서가 규범화를 목표로 하는 것은 당연하다. 그런데 중요한 것은 왜 규범화를 하려고 했느냐는 것이다. 당시 인수대비는 선진적인 지식인 여성이라고 할 수 있는데, 그런 그가 왜 여성들 문제에 주목했느냐이다.

"성인(聖人)의 학문을 보지 못하고 하루아침에 갑자기 귀하게 되면 이는 원숭이에게 의관을 갖추어준 것과 같다."

『내훈』의 서문에서 인수대비가 한 말이다. 여기서 '성인'이란 무엇일까? 그것은 성리학이 말하는 도덕적 완결성을 갖춘 인간이다. 성리학의 목표는 늘 이 '성인 되기'로 귀결된다. 인수대비는 여성으로서 처음으로 '성인'이라는 개념에 주목한 것이다.

이 시기 조선의 여성들은 아직 불교적 분위기에서 살고 있었다. 특히 왕실 여성의 불교 의존도는 상당히 높았다. 인수대비 자신도 불교를 좋아했고 직접 불교 옹호론을 써서 아들 성종을 압박하기도 했다. 인심이 동요하지 않도록 불교를 하루아침에 배척해서는 안 된다고 주장했다. 그러나 인수대비는 불교가 이미 조선 사회의 중심에서 멀어

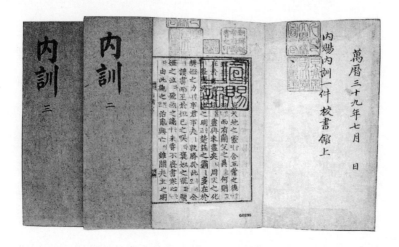

인수대비가 지은 내훈 최초의 여성 교훈서로서 이미 의미가 있지만, 여성들에게 처음으로 '성인(聖人)'이라는 주제를 소개하면서 성리학에 접근할 수 있는 길을 열어놓았다는 사실이 더 흥미롭다.

지고 있다는 것을 알고 있었다. 불교 옹호론을 쓴다는 것 자체가 이미 불교의 위치가 불안정하다는 것을 뜻했다. 그리고 그 자리를 새로운 사상이 대체할 수밖에 없는 상황이었다. 인수대비는 곧 성리학이 불교를 대신하여 조선 사회를 주도할 거라는 사실을 간파했다.

인수대비는 『내훈』에서 "딸이나 며느리들의 어리석음을 근심하여" 책을 쓰게 됐다고 말했다. 아직 불교나 기존 관습에 익숙한 대부분의 여자들은 새로운 사상, 즉 성리학을 낯설어했다. 인수대비는 여자들이 새로운 변화에 적응하지 못하고 있는 것을 어리석음이라고 보았다.

그리고 나아가서 '딸과 며느리'인 여자들이 변화에 대처하지 못한다면, 결국 손해를 보는 것은 여자들이라고 생각했다. '어리석음을 근심'한다는 것은 그런 뜻이었다. 며느리 윤씨를 폐비시킨 것도 바로 이런

조선의 가족,
천 개의 표정

맥락에서 나온 것으로 보인다. 인수대비의 판단에 따르면 윤씨의 성종에 대한 태도는 성리학이 제시하는 부부 윤리 규범에 맞지 않았다.

『내훈』은 모든 딸과 며느리가 새로운 유교 사회에 잘 적응하도록 하는 게 목적이었다. 인수대비의 『내훈』을 생각할 때 대개는 통제를 먼저 떠올린다. 그러나 인수대비의 의도가 통제에만 있었다면 굳이 '성인'이라는 주제를 논의할 필요는 없을 것이다. '성인 되기'는 통제가 아니라 내면화와 자발성을 통해 가능한 것이기 때문이다. '성인 되기'를 요구했다는 것은 여성들에게 성리학의 본질에 접근하는 길을 열어놓았다고 볼 수 있다.

그 사회의 특성을 파악하지 않고는 그 사회의 주류로 살아갈 수 없다. 성리학으로 전환해가는 조선 사회에서 성리학을 이해하고 받아들이는 것은 곧 주류 사회 편입을 의미했다. 인수대비는 여성들이 뒤처지지 않으면서 보다 원만히 주류 사회의 일원이 되기를 바랐다.

인수대비는 여성으로서는 처음으로 성리학에 대해 생각하고 향후 성리학과 여성들의 상관관계에 대해 고민한 사람이다. 그래서 성리학이 곧 지배적인 이념이 되리라는 것을 인지하고 여성들이 그것에 잘 적응할 수 있는 방법을 제시하기 위해 『내훈』을 쓴 것이다. 당시의 남성 학자들에게서도 찾아보기 어려운 모습이었다.

그렇다면 인수대비는 어떻게 『내훈』을 집필했을까? 체제를 갖춘 교훈서를 쓰려면 많은 참고문헌이 필요하다. 실제 인수대비는 『열녀전(列女傳)』, 『여교(女敎)』, 『명감(明鑑)』, 『소학(小學)』 등의 책을 봤다고 한다. 그럼, 인수대비는 어떻게 이러한 책들을 입수하고 또 어떻게 책 쓸 시간을 확보했을까? 왕실 여성이어서 가능했을까?

인수대비 집안(청주 한씨)은 고려 말 조선 초에 부상한 명문 가문이었다. 조선 초기에만 모두 네 명의 왕비를 배출했다. 또 두 명의 딸을 명 황제 후궁으로 보냈다. 인수대비의 아버지 한확(韓確)이 두 차례에 걸쳐 자신의 누이를 명 황실에 보낸 것이다. 그 덕에 한확은 수시로 명에 드나들 수 있었다. 명 황제들은 자신의 처남인 한확이 입조하는 것을 편하게 생각했던 모양이다. 당시 한확 집안 남자들치고 명에 다녀오지 않은 사람이 없을 정도였다.

명과 긴밀한 관계에 있다는 것은 의미가 컸다. 선진국과 통로를 가진다는 뜻이기 때문이다. 인수대비는 새로운 문물을 받아들이는 데 빨리 익숙해졌을 것이다. 실제 인수대비는 고모와 직접 서신을 주고받기도 했다. 인수대비가 조선에서 여성으로서 처음으로 성리학자의 면모를 보인 것은 결코 우연이 아니었다. 국제적인 집안 분위기가 작용한 것이다.

그리고 인수대비는 스물한 살에 과부가 되었다. 세조가 수양대군으로 있을 때 인수대비는 종친가의 며느리일 뿐이었다. 그러나 1455년 수양대군이 세조가 되면서 인수대비는 세자빈이 되었다. 그런데 궁궐에서 생활한 지 2년 만인 1457년에 남편 의경세자가 죽자, 인수대비는 세자빈의 자리에서 내려올 수밖에 없었다. 시동생이 세자가 됐고 인수대비는 궁궐을 나와야 했다. 과부의 생활이 시작된 것이다. 이로부터 둘째 아들 성종이 왕위에 오르기까지 12년 동안 인수대비는 어떤 의미로든 자기 시간을 가질 수 있었다.

"『소학』, 『열녀』, 『여교』, 『명감』 같은 책들이 지극히 간절하고 분명했지만 권수가 자못 많아서 쉽게 알기 어려우므로 이에 그중에 중요한 말을 뽑아서 7장으로 저술하여 너희들에게 주노라."

인수대비가 『내훈』 제작 과정에 대해 설명한 말이다. 우선 『소학』이나 『여교』 등을 면밀히 분석했다는 것을 알 수 있다. 그런데 그 내용은 쉽지 않았다. 인수대비는 이 책들에서 중요하다고 생각되는 부분을 간추려 편집해서 『내훈』을 만들었다. 충분한 자료 조사와 연구가 뒷받침된 것이다.

정희왕후는 성종이 어린 나이에 왕위에 오르자, 며느리인 인수대비에게 수렴청정을 권했다. 인수대비가 "문자도 알고 사리에 통달하니 가히 국사를 다스릴 수 있을 것"이라는 게 이유였다. '문자를 안다'는 것은 곧 학문적인 능력을 말했다. 시어머니가 인정할 만큼 인수대비의 지적 능력은 뛰어났던 것이다.

새로운 방법론을 제시하는 것은 축적된 지식이 없이는 불가능하다. 인수대비는 국제적인 집안 분위기와 개인적인 연구를 통해 방법론을 제시할 수 있었다. 흔히 인수대비를 보수적인 인물로 평가하는데 사실 인수대비는 당시로서는 선진적인 지식인 여성이었고, 『내훈』은 그 결과물이었다.

여성들을 유교화한다는 것은 분명 여성들을 일정한 틀 속에 넣는 일이었다. 그러나 그것은 또한 여성들에게 중심 문화에 들어가는 기회를 주는 것이기도 했다. 재미있는 것은 인수대비는 끝까지 불교에 대해서도 끈을 놓지 않았다는 점이다. 불교는 기존 질서를 의미했고 인수대비는 신구의 조화를 생각했다.

각 시대에는 각 시대의 현안이 있다. 조선 초기 유교화는 선진화의 문제였다. 오늘날의 입장에서야 유교(특히 성리학)라는 게 보수적인 그 무엇이지만, 그 시대에는 첨단 사상이었다. 역사를 그 시대의 상황에서 이해하는 것은 역사를 바라볼 때 기본적으로 갖추어야 할 안목이다. 그렇게 봤을 때 인수대비는 당시의 신여성이었다. ⊙

정부인 안동 장씨에 대한 오해

10여 년 전 우리는 역사적 여성 인물을 두고 대단한 논쟁에 휘말렸다. 『선택』을 쓴 이문열 작가와 페미니즘 쪽 사람들이 격렬하게 대립한 것이다. 『선택』은 정부인 안동 장씨(貞夫人安東張氏, 1598~1680, 이하 장씨 부인)의 일대기를 자술서 형식으로 쓴 소설이다. 장씨 부인은 조선 후기 이현일(李玄逸)이라는 대학자의 어머니로서 정부인에 봉해졌으며, 재령 이씨 집안에서 세세토록 제사 지내는 불천위(不遷位)에 모셔진 인물이다. 이른바 조선 시대의 대표적인 '현모양처'라고 할 수 있다.

당시 이문열 작가는 장씨 부인 이야기를 통해 오늘날 여성들이 '자기 성취'에 연연하느라 '내조와 양육'을 경시하는 것이 문제라고 했고, 여성계 쪽에서는 시대착오적이라며 반박했다. 논쟁은 대단했다. 그런데 여기에서 지금 이 논쟁을 다시 언급하는 것은 재연을 위해서가 아니다. 다만 그때 장씨 부인에 대한 이해 부족으로 논쟁이 본질에 이르지 못했다는 사실을 짚어두려는 것뿐이다.

장씨 부인은 과연 '자기 성취'를 버리고 '여자 일'을 선택한 사람일까? 조선 시대에 '자기 성취'란 도대체 무엇일까? 물론 장씨 부인은 스스로 "시 짓고 글씨 쓰는 것은 모두가 여자가 해야 할 일은 아니다"라고 말한 적이 있다. 그리고 정말 시 짓는 일을 접고, 이른바 여자의 일인 '봉제사 접빈객'과 '자녀 교육'에 매진했다. 그러나 장씨 부인의 선택의 의미가 정말 그렇게 단순한 것이었을까?

사실 장씨 부인은 누구보다도 성인이 되고 싶어 했다. 그리고 아이러니하게도 여자 일을 열심히 하면 궁극적으로 성인이 된다고 믿었다.

성인의 행동도 모두가 인륜(人倫)의 날마다 늘 하는 일이라면, 사람들이 성인을 배우지 않는 것을 근심할 뿐이지, 진실로 성인을 배우게 된다면 또한 무엇이 어려운 일이 있겠는가?

— 『국역 정부인안동장씨실기(貞夫人安東張氏實紀)』

장씨 부인의 이 말을 보면, 성인이 되는 것이 여자라고 해서 못할 일이 아니었다. '인륜의 날마다 하는 일', 즉 주어진 일상의 일을 잘 실천하면 성인이 될 수 있다는 것이다. 여자는 시 짓고 글씨 쓰는 일이 아니라 '봉제사 접빈객'이 '인륜의 날마다 하는 일'이며 곧 성인에 이르는 길이라고 봤다. 결론적으로 장씨 부인은 성인이 되기 위해 여자의 일을 선택한 것이다.

그렇다면 '성인'이란 무엇인가? 그것은 성리학이 말하는 도덕적 완결성을 갖춘 인간으로, 이상적인 인간형이다. 성리학의 최고 목표는 늘 이 '성인 되기'로 귀결되며 장씨 부인은 여기에 뜻이 있었다.

장씨 부인은 자식들에게 다음과 같은 말을 한 적이 있다.

> 선행(善行)은 사람들이 다 하고자 하는 바이다. 지금 어린아이에게도 가리키면서 말하기를 "네가 착하다"고 하면 아이가 기뻐할 것이고, "네가 착하지 못하다"고 하면 아이가 성을 벌 것이니, 선행을 당연히 해야 할 것은 사람들 마음이 다 같이 그렇게 여기는 바이다.

> 너희들이 비록 글을 잘 짓는다는 명성이 있지마는 나는 귀중하게 여기지 않는다. 다만 한 가지 선행이 있다는 말을 듣는다면 나는 문득 기뻐하면서 잊지 않고 있을 뿐이다.

> ―『국역 정부인안동장씨실기』

여기서 '선행'은 성인에 이르는 기초가 된다. 장씨 부인은 자식들이 입신양명보다 '성인 되기'를 목표로 삼기를 바랐다.

성리학은 조선 시대 모든 남성이 추구하는 절대적인 그 무엇이었다. 그것을 통해 남성들은 권력을 얻고 백성을 다스렸으며 또한 학문을 연구하고 인격을 수양했다. 어느 것 하나 성리학 내에서 이루어지지 않는 것이 없었다. 그런 성리학에서 최고의 가치로 여기는 것이 도덕 수양을 통해 완성된 인격체, 즉 성인에 이르는 일이다.

네가 벗을 작별한 시를 보니	見爾別友詩
그 속에 성인을 배우려는 말이 있었다	中有學聖語
내 마음이 기뻐서 다시 칭찬하여	余心喜復嘉
짧은 시 한 편을 지어 너에게 준다.	一筆持贈汝

—「손자 신급에게 주다〔贈孫信及〕」

장씨 부인이 손자 신급(信及)에게 준 시이다. 손자가 성인을 배우려는 태도가 있어 매우 기쁘다는 내용이다. 언필칭 '성인'인 것을 볼 수 있다. 목표가 분명하다.

따라서 장씨 부인은 '인륜의 날마다 늘 하는 일'을 잘 수행하면 성인이 될 수 있다고 믿으면서 성리학의 주체자가 되고자 했다. 성리학적으로 사는 것이 현실에서 주류로 사는 것이며, 사회로부터 인정받는 길이라는 사실을 인식한 것이다. 장씨 부인의 이러한 삶의 태도는 오늘날 여성들이 사회에 진출하여 자아실현을 하고자 하는 것과 크게 다르지 않다. 당시 남자들에게 최고의 가치이자 자아실현의 목표였던 '성인 되기'를 장씨 부인도 동일한 목표로 했기 때문이다. 즉, 사회적인 목표를 가지고 있었던 것이다. 그런 면에서 장씨 부인은 후대에 등장하는 임윤지당(任允摯堂)이나 강정일당 같은 여성 성리학자들이 나올 수 있는 배경을 만들어주었다고도 할 수 있다.

이제 10여 년 전 논쟁이 왜 본질적이지 못했는가를 이해할 수 있을 것이다. 장씨 부인을 '여자 일' 자체에 의미를 둔 사람으로 평가하는 것은 장씨 부인의 범위를 지나치게 한정한다. 그녀는 여자 일을 '자기 성취'의 일환으로 선택했을 뿐이다. 여자 일 자체가 목표는 결코 아니었다. 그런 의미에서 장씨 부인은 성리학이라는 남성 영역에 과감하게 도전하고, 그것을 여성의 영역으로 확장시킨 사람으로 보는 게 더 적절할 것이다. 장씨 부인은 '현모양처'보다는 '자기 성취'에 성공한 여성으로 기억되는 게 더 맞다. ◉

큰물에서 놀았던 소현세자빈
강씨

◉

1646년(인조 24) 3월 15일, 인조는 맏며느리인 소현세자빈 강씨에게
사약을 내렸다. 인조는 두 달 전부터 자신이 먹은 음식에 독이 들었다
고 하면서 강빈을 압박하고 있었다. 먼저 강빈 쪽 궁녀들을 궁문(窮問)
했다. 그런데 궁녀들은 모진 고문에도 모두 죄를 인정하지 않고 죽었
다. 인조는 일단 주춤했으나 다시 중독 증세가 있다면서 강빈을 문제
삼았다. 비망기를 내려 강빈이 독약을 넣었으며 또한 심양(瀋陽)에서
역모를 계획했으니 처벌해야 한다고 했다. 연이은 교서에서는 강빈이
심양에 있을 때 얼마나 참람되게 행동했는가도 열거했다.

강빈이 심양에 있을 때에 비밀히 왕후의 자리를 바꿀 것을 도모하여,
붉은 비단으로 왕후의 옷을 미리 만들고 내전(內殿)이라는 칭호를 버젓

이 참람되게 일컬었으며, 지난해 가을에는 분하고 노여워하며 내 거처 가까운 곳에 와 있으면서 큰 소리로 발악하고 아랫사람으로 문안하는 것까지도 여러 날을 폐했으니, 이 일을 차마 할 수 있다면 무슨 일을 차마 못한단 말인가?

—『인조실록』(인조 24년 2월 3일)

강빈에 대한 인조의 강한 적대감을 읽을 수 있다. 드디어 2월 12일 인조는 강빈을 폐출했고, 그로부터 한 달여 후 사가에 나가 있던 강빈에게 사약을 내렸다.

이른바 '강빈옥(姜嬪獄)'이라고 불리는 이 사건에는 명백한 근거가 하나도 없었다. 독약 사건도 자백한 이가 없었고, 심양에서 벌였다는 참람한 행위도 증명할 길이 없었다. 당시 강빈을 죽이는 데 무리가 따른다는 것은 누구나 알고 있었고 많은 대신이 반대했다. 그러나 인조는 뜻을 굽히지 않고 강빈을 사사하고 말았다. 이미 소현세자는 죽었고 봉림대군이 왕세자로 봉해졌는데, 인조는 왜 무리수를 두면서까지 강빈을 죽였을까? 강빈의 무엇이 인조를 그렇게 긴장하게 만들었을까?

우선 강빈은 총부였다. 총부란 남편이 먼저 죽은 맏며느리로, 우리나라는 본래 중국과 달리 총부의 권한이 강했다. 조선의 총부는 남편 사후 제사를 담당할 수 있었고, 아들이 없을 때는 양자를 들여 제사를 계속할 수 있었다. 특히 양자를 들일 때 총부들은 자신의 위치를 불안하게 할 수 있는 바로 아래 시동생의 아들보다는 10촌 이상의 먼 친족에서 양자를 들이려 했다. 한마디로 총부는 가계 계승에 막대한 영향을 미칠 수 있는 존재였다.

강빈은 바로 이러한 위치에 있었다. 이미 봉림대군이 왕세자가 되었지만, 강빈은 총부이자 원손(소현세자의 맏아들)의 어머니로서 언제 다시 왕위 계승에 영향을 미칠지 몰랐다. 사실 당시 신하들 중에는 원손을 세워야 한다는 의견이 더 많았다. 그러니 인조로서는 강빈이 부담스러운 존재일 수밖에 없었다.

강빈은 또 경제력이 있었다. 심양에 있을 때 청은 소현세자 부부에게 생활 방편으로 농장을 마련해주었는데, 강빈은 여기에서 탁월한 경영 능력을 발휘했다.

> 세자가 심양에 머물러 있을 적에 청에서 세자에게 전답을 떼어주고 거기에 농사를 지어 관소(館所)에서 마음대로 쓸 수 있는 자본으로 삼도록 허락하였는데, 거두어 쌓아둔 각종 곡식이 아직 4,700여 석이나 남아 있습니다. 세자와 대군은 아주 돌아왔고 이 곡식은 이미 청 땅에서 생산된 것이므로 마구 팔아서 값을 취하는 것은 실로 온편치 않은 일이고, 소·말·노새·나귀는 모두가 값을 주고 사놓은 것이지만 역시 모두 청에서 생산된 것들이니, 호부(戶部)에 말해서 청에서 처치하도록 맡겨두는 것이 사의에 합당하겠습니다.
>
> ─『인조실록』(인조 23년 3월 14일)

소현세자가 심양에서 돌아온 직후 그 재산 처리를 어떻게 할 것인가를 놓고 조정에서 의논하는 장면이다. 이때 인조는 이 건의가 합당

소현세자와 세자빈 강씨가 생활했던 심양관 억류생활이었지만, 강빈은 여기에서 새로운 세계를 배우고 또 경제적인 부를 축적했다. 그것은 후에 인조에게 일종의 위협이 되었다.

하지만 말이나 소, 나귀 등은 돈을 주고 산 것이니 청에 맡겨두는 것이 부당하다고 했다. 결국 호조는 말이나 소, 나귀 등을 농군들이 나올 때 끌고 오도록 하고, 또 속공된 남녀 110여 명과 인삼을 캐다가 잡혀간 사람 50여 명 등도 모두 나오도록 조치하겠다고 보고했다.

그런데 5,000석에 가까운 곡식이 쌓여 있다는 것은 소현세자와 강빈의 농장 경영 능력을 보여준다. 심양에서 돌아온 시기가 2월이었으니 추수하고 한참이 지난 시기인데, 이미 겨울 동안 사용하고도 이 정도의 곡식이 남았다면 본래 생산량은 그 몇 배가 된다는 얘기다. 아마도 강빈은 포로로 잡혀와 있는 조선인들을 속량하여 농사를 짓게 하고 그 수익으로 또다시 조선인을 속량하는 방식으로 소출을 늘려간 것으로 보인다. 대단한 경영 능력을 발휘한 것이다. 생산물이 축적되면서는 청과 무역도 가능했을 것이다. 말이나 소, 나귀, 노새 등 운반 동물이 많았던 것도 교역의 증거라고 할 수 있다. 그런데 소현세자보다 강빈을 농장 경영의 주체로 보는 이유는 조선의 가족 내에서 일반적으로 경제 운영의 주체가 여자였기 때문이다.

그리고 강빈이 돌아와서 강원도 철원의 한 절에 시주를 한 적이 있는데, 그 금액이 황금 260냥이었다는 사실도 주목할 만하다. 단순 환산해도 지금 돈으로 몇 억에 이른다. 엄청난 규모다. 이 시줏돈은 강빈이 폐해진 후 강원도 재정의 일부분으로 요긴하게 쓰일 정도였다.

강빈의 정치 참여 개연성도 없지는 않다.

신이 지난번에 심양에 갔을 때 들으니, 세자가 간혹 사냥하러 나가면

강씨가 장계(狀啓)를 가져다가 임의로 써 넣기도 하고 삭제하기도 했다고 합니다. 어찌 부인으로서 바깥일에 간여할 수 있단 말입니까?

—『인조실록』(인조 24년 2월 7일)

강빈은 소현세자와 함께 '심관(瀋官)'이라는 독립 정치체를 맡고 또 농장을 경영하면서 자연스럽게 정치 경험을 쌓고 부를 축적했다. 게다가 직접 청의 선진 문물을 접하면서 새로운 세계관에도 눈을 떴다. 왕실 여성으로서 스스로 경영 능력을 습득하고 또 주체적으로 타국과 교류를 한 경우는 조선 역사상 전무후무한 일이었다.

소현세자 부부의 억류 생활은 조선의 입장에서 분한 일이었지만, 또 동시에 조선에 새로운 변화를 가져올 수 있는 계기였다. 인조는 강빈을 제거할 때 갖가지 이유를 들었는데, 사실상 가장 두려웠던 것은 바로 이 변화의 부분이었는지도 모른다. 즉, 그 새로운 변화의 주체가 자신이 아니라 세자와 세자빈이라는 사실이 참기 어려웠을 수 있다. 게다가 당시 청은 은근히 왕위 교체의 가능성을 내비치며 인조를 압박했고, 이런 인조의 위기의식은 무리한 강빈옥으로 나타날 수밖에 없었을 것이다.

역사에서 가정이 무의미하다고 하지만, 소현세자와 강빈이 죽지 않고 왕위를 계승했다면 어떻게 됐을까? 조선은 좀 더 일찍 서양과 만나고 또 그에 대한 대처 능력을 가질 수 있었을까? 강빈은 150년이 지난 1718년(숙종 44)에 복권(伸冤)되었다. ◉

강정일당을 기억해야 하는 이유

강정일당(姜靜一堂, 1772~1832)은 조선의 여성사에서 찬찬히 기억해야 할 인물이다. 사후에 남편이 만들어준 것이기는 하지만,『정일당유고(靜一堂遺稿)』라는 문집을 가지고 있기 때문이다. 조선 시대에 여성으로서 문집을 갖는다는 것은 의미가 크다.

정일당은 남편 어깨너머로 공부한 사람이다. 스무 살에 열네 살의 윤광연(尹光淵)과 혼인했는데 여섯 살은 당시로서도 적은 나이차는 아니었다. 그런데 왜 이렇게 과년한 나이에 어린 사람과 결혼하게 됐는지는 알 수가 없다.

혼인 후 이 부부는 가난했다. 정일당은 늘 삯바느질을 해야 했다. 그러니까 여자는 삯바느질하고, 남편은 공부하는 드라마에 나올 법한 가난한 양반 부부의 모습이었다. 그런데 정일당은 삯바느질하는 데만 머물지 않았다. 아니, '머물지 못했다'는 게 더 옳을 것이다. 지칠 줄 모르는 학문에 대한 호기심이 남편 공부를 넘겨다보게 했기 때문이다. 정일당은 토론하자며 자주 남편을 괴롭혔고, 그래도 모르는 게 있으면 남편을 시켜 남편의 스승에게 물어보게 했다.

> 『중용(中庸)』의 '계신공구(戒愼恐懼)'를 주자(朱子)는 '항상 공경하고 두려워하는 마음을 둔다'고 해석하였으니, 이는 '동(動)'과 '정(靜)'을 통용하여 말한 것입니다. 또 '존양성찰(存養省察)'로 말한다면, '계신공구'는 전적으로 '정'에 속할 것 같은데, 어떻게 봐야 마땅하겠습니까?
>
> ─『정일당유고』

정일당이 이런 식의 어려운 질문을 하면, 남편 윤광연은 스승 송치규(宋穉圭)에게 그대로 전했다. 그러면 송치규는 자세히 답을 해주었다. 여기에서 문답의 내용을 그대로 나열할 필요는 없다. 그저 정일당의 지적 욕구가 얼마나 왕성했고, 윤광연의 스승 송치규가 그런 그녀의 태도를 존중했다는 것만 알면 된다.

정일당 글 중 상당수는 제목 뒤에 '대부(代夫)'라는 말이 적혀 있다. 남편 대신 지었다는 뜻이다. 조선 시대에는 행장이니 묘지명이니 하여 죽은 사람을 기억하는 글을 써서 주고받는 일이 많았다. 대개 친구네 집 것은 우리 집이 쓰고 우리 집 것은 친구네 집에서 써주는 식이었다. 참고로 정일당의 행장은 그녀의 종형제, 즉 사촌이 썼다. 정일당의 남편 윤광연은 이런 식의 글 부탁을 많이 받은 모양이었다.

그런데 윤광연은 자신보다 부인이 낫다고 생각한 것인지 정일당에게 대신 쓰게 한 글이 많았다. 행장이나 묘지명만이 아니라 남편의 편지도 대신 쓴 경우가 적지 않았다. 이런 편지의 말미에는 버젓이 윤광연의 이름이 있었다. 조선 시대에 부인과 남편이 이런 관계 속에 글을 썼다는 사실은 상당히 흥미롭다. 그래서 어떤 연구자는 윤광연을 시대를 뛰어넘는 페미니스트라고까지 평가했다.

그러나 여기에서 얘기하고 싶은 것은 윤광연이 아니라 정일당이다. 정일당은 여성사에 꼭 기억되어야 할 이유가 충분히 있다.

> 윤지당께서 말씀하시기를 '나는 비록 부인이지만, 하늘에서 받은 성품은 애당초 남녀의 차이가 없다' 하셨습니다.
>
> ─『정일당유고』

임윤지당은 정일당보다 먼저 산 여성 성리학자로, 정일당은 그 영향을 많이 받았다. 정일당이 남편에게 학문을 권하고 스스로 송치규에게 질문을 던지며 열심히 공부한 이유는 바로 '성인'이 되기 위해서였다.

여자들이 '성인'이 되고자 노력한 데에는 역사가 있다. 앞에서도 얘기했지만 처음 여자들에게 '성인'이라는 주제를 던진 사람은 인수대비였다.

"날마다 성인이 되기를 기약하라."

인수대비가 『내훈』 서문 말미에 한 말이다. 조선에서 남자들 사이에 '성인 되기'가 본격적으로 유행하기도 전인데, 인수대비는 곧 이러한 변화가 오리라는 것을 감지한 것으로 보인다. 물론 여자들이 인수대비의 말에 바로 감화를 받은 것은 아니었다. 그러나 어쨌든 여자들에게 '성인'이라는 주제는 나름의 의미를 가지게 되었다.

그다음 '성인'이라는 문제에서 기억해야 할 사람이 정부인 안동 장씨이다. 스스로 '성인 되기'를 맹렬히 실천한 사람이기 때문이다. 인수대비가 '성인 되기'를 도입했다면, 장씨 부인은 그 실천 비결을 제시했다. 성인의 말씀 또는 도리와 같은 원론적인 얘기를 한 게 아니라 '인류의 날마다 늘 하는 일'을 잘 수행하면 성인이 될 수 있다는 구체적인 방법론을 제시한 것이다. 그래서 장씨 부인은 여자의 일인 집안 관리를 잘하기 위해 글쓰기를 접고 만다. 글쓰기는 여자로서 인류의 날마다 해야 할 일이 아니기 때문이다. 인수대비가 여자들에게 이렇게 저렇게 하라고 제시했다면, 장씨 부인은 스스로 그렇게 하고자 하는 면이 강했다. 매일매일 성인이 되고자 노력하면서 살았다.

그리고 성인 문제를 보다 학문적으로 이어받은 사람이 임윤지당이었다. '성품에 남녀의 차이가 없다'는 말은 남녀가 역할은 달라도 인간 자체로는 같다는 얘기다. 여자들에게 상당한 자신감을 주는 말이었다. 강정일당은 "윤지당께서 말씀하시기를 '나는 비록 부인이지만, 하늘에서 받은 성품은 애당초 남녀의 차이가 없다' 하셨습니다"라고 하며 윤지당의 생각에 감동했다. 인수대비에서 시작된 '성인 되기' 프로젝트는 윤지당이나 정일당 때에 이르러 꽤 심도 있게 학문적으로 이론화되었다.

물론 정일당은 윤지당과 약간 차이가 있었다. 정일당은 "바느질하

윤두서의 아들 윤덕희가 그린 그림 조선후기가 되면 성리학의 영향력이 더욱 강력해져 여자들도 학문
에 심취하는 경우가 종종 있었다.

고 청소하는 여가에 옛 경서와 고전을 읽으면서 그 이치를 궁리하고 옛 사람들의 행실을 본받아 선현들의 경지에 이르기를 작정하고 있습니다"라고 했다. 여기에서 '이치를 궁리하는' 것과 '선현의 경지(성인 되기)'에 이르는 것의 두 가지 과제가 보인다. 윤지당과 정일당은 각각 포인트를 두는 지점이 좀 달랐다. 정일당은 이치를 알아서 성인의 경지에 나아가는 것을 더 중시했다. 방점이 '성인 되기'에 있었다. 정일당의 글이나 정일당에 대한 타인들의 기억이 이를 뒷받침해준다.

결론적으로 임윤지당이 보다 이론에 치중했다면, 정일당은 실천에 더 의미를 두었다. 그러나 이러한 차이점이 여성사적 관점에서 크게 문제시되지는 않는다. 이들 여성 학자들이 의미 있는 것은 여성들이 도덕을 실천하되, '왜 그렇게 해야 하는가?'라는 고민을 스스로 했다는 데 있다. 그들은 성리학의 이치를 공부하여 여성들도 인륜 도덕을 실천하면 성인이 될 수 있다는 사실을 보다 명확히 했다. 이는 조선 여성들에게 성인이 될 수 있다는 자신감과 함께 도덕적 주체성을 갖게 하는 것이었다. 조선 여성들의 사고 영역 확장에 크게 기여했다. 이런 이유에서 강정일당은 조선 여성사에서 기억되어야 할 인물인 것이다. ⊙

| 조선의 혼인이 가족에 미친 영향 |

중국에서는 남자 가족이 며느리나 아내를 맞아들이는 것을 '취(取)'한다고 하고, 신부 쪽에서는 누군가에게 '딸을 주었다'거나 누군가에게 '신부'로 주었다고 말한다. 따라서 여자가 혼인하는 것은 본래 있어야 할 남자 집안으로 '돌아왔다'는 뜻에서 '귀(歸)'라고 표현한다.

졸졸 흐르는 저 천수(泉水)도	毖彼泉水
기수(淇水)로 흐르는구나	亦流于淇
위나라를 그리워하여	有懷于衛
날마다 생각하지 않는 날이 없으니	靡日不思
예쁜 저 여러 언니들과	孌彼諸姬
애오라지 상의하노라	聊與之謀

—「천수(泉水)」

『시경(詩經)』의 이 구절은 다른 나라, 즉 제나라로 시집간 여자가 고향인 위나라를 날마다 그리워하면서도 가지 못해 어떻게 하면 다시 돌아갈까를 시집올 때 같이 온 여자들과 의논한다는 얘기다. 이어지는 시구에서는 "여자가 한번 시집가면 부모 형제로부터는 멀 수밖에 없다(女子有行 遠父母兄弟)"라는 말도 나온다.

『시경(詩經)』의 이 구절들은 중국 고대의 혼인 형태와 그로 인해 여자들이 갖게 되는 감정 상태를 잘 보여준다. 즉, 혼인이란 여자가 남자 집으로 시집(于歸)을 가는 것이고, 그렇게 일단 시집을 가면 여자가 친정에 가는 것이 좀처럼 쉽지 않아서 여자들은 늘 친정을 그리워하게 된다는 것이다.

그렇다면 조선의 혼인 형태는 어떠했는가?

1576년 2월 21일 유희춘은 아들에게 손자의 혼인식에 대해 자세히 듣는다.

제가 먼저 들어가 자리에 섰고 신랑은 종방을 거느리고 맨 나중에 들어갔습니다. 옆의 집사는 흑단령을 입고 문에서 읍하며 들어오기를 청했습니다. 신랑이 세 번 사양한 후에 집사가 이끄는 대로 신부 집으로 따라갔습니다. 종방이 기러기를 올리자 신랑이 받들어 왼쪽을 향하게 하고 들어갔습니다. 절하는 자리 가운데로 나아가 꿇어앉아 기러기를 자리 앞 왼쪽에 두었습니다. 잠시 엎드렸다가 일어나 조금 후에 물러나와 재배를 했습니다. 집사가 신랑을 이끌고 들어가 드디어 중당에 이르러 신부 자리를 향하여 섰습니다. 신부가 비로소 나와 마주하고 신랑을 향해 네 번 절을 했습니다. 신랑이 재배로 답했습니다.

— 『미암일기』(1576년 2월 21일)

유희춘이 아들 경렴(景濂)에게 남원에서의 혼인식이 어땠는지 다그쳐 묻자, 아들은 위와 같이 상세하게 묘사를 한다. 신랑이 기러기를 어떻게 들고 들어가는지, 신부와 언제 만나는지 등이 잘 나타나 있다. 그런데 여기에서 눈길을 끄는 것은 상세한 묘사가 아니라 혼인식이 어디에서 이루어졌느냐는 것이다. 이 모든 일은 손자 광선의 처가인 남원에서 이루어졌다. 그러니까 신랑의 할아버지 유희춘은 혼례식에 가보지도 못하고 모든 진행 사항을 들어서 알 뿐이다. 물론 손자며느리도 보지 못한 상태이다. 손자며느리는 그대로 남원 자신의 집에 머물고 있었다.

조선 초기의 혼인은 이러한 형태였다. 고구려의 서옥제 이후 우리나라에서는 혼인 후 여자가 아니라 남자가 움직이는 경우가 더 많았다. 조선에서도 이른바 남귀여가혼이라고 하여 남자가 여자 집에 가서 혼례식을 하고, 여자 집에서 그대로 살림을 시작하거나 아니면 남자가 본가와 처가를 오가는 생활을 했다. 중국에서는 여자에게 해당되던 '귀'라는 용어가 조선에서는 남자에게 적용되고 있는 것이다. 따라서 조선에서 혼인은 '아내를 취하는' 것이기보다 '장가드는(入丈)' 행위였다.

조선 사림파의 종장 김종직이 아버지 김숙자의 고향이 경북 선산(현재 구미)이었지만, 어머니의 고향인 밀양에서 태어나고 자란 것, 또 신사임당이 혼인 후 20년 가까이 친정인 강릉과 그 주변에 살면서 율곡을 낳고 길렀던 것, 유희춘의 손자 광선이 남원에서 생활했던 것 등은 모두 남자가 움직이는 혼인 형태에 기반을 두고 있다.

이러한 혼인 제도는 조선 가족에 여러 가지 독특한 특성을 부여했다. 조선에서는 장인, 장모와 사위가 함께 살 기회가 많아서 그 관계가 매우 돈독했다. 조선 초기 당사자의 관작이 차서 다른 사람이 대신 받고자 할 때 순서는 자(子), 서(壻), 제(弟), 질(姪)의 순이었다. 동생이나 조카보다 사위가 앞섰다. 이는 장인과 사위의 관계가 부자 관계 못지않았다는 사실을 보여준다. 또 조선에서는 이성사촌 사이의 간통을 근친상간으로 규정하고 아울러 혼인을 금지했다.

정창손(鄭昌孫), 김국광(金國光) 등이 의논하여 말하기를 "우리나라 풍속은 외가(外家)를 중시하여 이성육촌(異姓六寸)이라도 모두 서로 혼인하지 않는 후한 풍속이 있습니다." 세종께서 일찍이 교를 내려 말씀하시기를 "우리나라는 본래 외성(外姓) 친척을 중시하여 서로 친한 것이 후하였는데 간혹 규문이 문란해지는 경우가 있었다. 옛날 여영공(呂榮公)이 사촌과 혼인한 일이 『소학』에 실려 있으니 나는 사촌 이하라도 서로 혼인하는 것을 허락하여 가깝게 대하지 않도록 함으로써 서로 문란해지는 일이 없도록 하고 싶다"라고 하였습니다. 그러나 재상들은 모두 외성이 서로 친한 것이 우리나라의 후한 풍속이니 사촌이 서로 혼인하는 것은 미안한 일이라고 생각하였으므로, 이에 세종도 그 의논을 정지시키고 사촌은 서로 혼인할 수 없게 하였습니다. 우리나라 미풍은 쉽게 바꿀 수 없는 것입니다.

— 『성종실록』(성종 9년 8월 10일)

중국에서 이성사촌 간에 비교적 자유롭게 혼인이 이루어졌던 것과 대조적이다. 조선은 이를 '외성 친척을 중시하여 서로 친한 것이 후하기' 때문으로 설명하고 있다. 외성 친척이 친하다는 것은 처가, 외가와 관계가 돈독하다는 것을 말한다.

이런 관계 속에서는 자연스럽게 딸과 아들의 권리와 의무가 비슷한 수준으로 유지되었다. 즉, 재산을 상속받는 권리에 있어서 아들과 딸의 구분이 없었으며 제사를 지내는 의무도 아들과 딸이 비교적 균등하게 나누어 가졌다. 아직 부계 위주, 장자 위주의 가족 관계가 형성되지 않은 것이다.

그렇다면 조선은 왜 이런 혼인 방식을 오랫동안 유지했을까? 조선에서는 혼인에서 어느 한쪽 집안이 주도권을 갖는 것을 원치 않았던 것으로 보인다. 그보다는 두 집안이 적절하게 공조하면서 대사회적으로 자신들에게 유리한 상황을 만들어나가는 것이 바람직하다고 봤던 것 같다. 두 집안의 공조가 잘 유지되려면 여자가 시집을 가버리는 것보다는 남자가 처가와 본가를 오가는 것이 더 유용했고, 그 때문에 남귀여가혼이 지속될 수 있었을 것이다.

물론 조선 후기가 되면 이러한 시스템에 변화가 온다. 한쪽 집안, 즉 부계 쪽이 주도권을 갖게 된다. 부계 중심의 가족 제도가 더 선진적이며 또 권력을 집중하는 데 유리하다고 생각했기 때문이다. 그래서 17세기 이후에는 혼인하면 대개 남자 집 쪽에서 살게 되었다. 즉, 여자들이 시집을 가게 된 것이다. 이에 따라 제사나 재산 상속에도 변화가 일어나서 남자 위주에 적장자 중심이 되었다.

하지만 여전히 조선이 중국과 같이 부계 일변도의 국가가 되었다고 말할 수는 없다. 양쪽 집안이 주도하는 가족 제도의 전통을 오랫동안 가지고 있으면서 그 편의성에 익숙해져 있었기 때문이다. 따라서 조선에는 끝내 부계적인 가족 제도로 바뀌지 않은 부분도 있고(해묵이), 과부 재가 금지법처럼 중국보다도 더 지나치게 부계성을 추구하기도 하는 등 복합성을 보인다. 그러나 전체적으로 본다면 변화되지 않은 부분보다는 중국보다 심화된 경우가 더 많다고 할 수 있다.

그리고 이러한 변화 속에 조선의 여성들은 정체성의 변화를 경험한다. 즉, 딸에서 며느리로 주된 정체성이 바뀐 것이다. 부계성의 강화에 따라 여성들은 '시집살이'를 하게 되었고, 따라서 자신을 친정의 딸보다는 시집의 며느리로 더 강하게 인식하게 되었다. 이 과정에서 여성들은 딸로서의 권리를 잃어갔지만, 반면 며느리나 적처로서의 권리와 위치는 더 강하게 보장받기도 했다. ⊙

가족들의 생활상

세 번 결혼한 양반은
진정 행복했을까?

◉

　조선 후기 학자 관료였던 권상일은 세 번 혼인했다. 세 번이나 부인을 얻었다니 속된 말로 권상일은 '화장실 가서 혼자 웃었을까?' 권상일이 쓴 『청대일기』를 보면 그런 것 같지는 않다.

　첫 번째 부인의 사망 원인은 구토 증세였다. 권상일과 부인은 임신이려니 했다. 그런데 구토증이 갑자기 심해지더니 결국 죽음에 이르고 말았다. 당시 부인은 스물여덟 살이었다. 둘 사이에는 아들이 하나 있었지만 세 살 때 잃었다. 그러니까 이 부부는 10년을 같이 살았지만 끝내 혈육 한 점 남기지 못한 것이다. 권상일은 부지불식간에 부인을 잃고 "무슨 죄를 지어 이런 참혹한 일을 겪는지 모르겠다"고 한탄했다. 특히 딸의 죽음에 애절해하는 장모를 차마 볼 수가 없었다. 뒤돌아 화장실 가서 웃는 모습은 없다.

그러나 권상일은 부인이 죽은 지 9개월 만에 재혼한다. 어른들을 봉양해야 하고 아들도 낳아야 한다는 게 이유였다. 특히 할머니가 혼인을 서둘렀는데, 아버지는 할머니의 뜻을 따를 수밖에 없다는 입장이었다. 그러나 권상일은 그런 상황이 달갑지 않았다.

부인이 죽은 지 1년도 안 되어 재혼하는 것은 당시 법적으로도 정당한 일은 아니었다. 『경국대전』에서는 "사대부는 처가 죽은 후 3년 뒤라야 다시 장가갈 수 있다"고 했다. 다만 부모의 명이 있거나 혹은 나이가 마흔이 넘도록 아들이 없는 사람에 한해서 1년 뒤에 장가들 수 있는 예외 규정을 뒀다. 3년 후로 정한 이유는 대개 삼년상은 치러야 하지 않느냐는 정리(情理)에서 나온 것이 아닌가 한다. 과부 재가 금지에 비하면 경미하지만, 남자들에게도 재혼에는 일정한 제한 조건이 있었다. 조선 남자들에게 재혼은 완벽하게 자유로운 일은 아니었다. 그런데 권상일은 9개월 만에 재혼을 하자니 마음이 편할 리 없었을 것이다. 그는 이 혼인을 권도에 따른 거라고 말하고 있다.

그러나 어쨌든 1706년(숙종 32) 12월 30일 권상일은 두 번째 혼인을 하고 다음 날 자신의 집으로 돌아온다. 이때 부인은 그대로 친정에 머문다. 부인이 시집으로 온 것은 혼인 후 1708년 9월, 즉 혼인 후 1년 10개월 만이었다. 이른바 '해묵이'를 한 것이다. 대개 재혼에서는 '해묵이'를 하지 않는 게 보통인데, 권상일의 경우에는 했다. 아마도 권상일에게 어린 자식이 딸려 있지 않아서 돌볼 손길이 시급하지 않았기 때문으로 보인다.

그런데 둘째 부인도 아들 만아(萬兒)를 낳고 2년 만에 병으로 죽는

조선의 가족,
천 개의 표정

다. 혼인 생활은 불과 6년 남짓이었다. 권상일의 표현에 따르면 부인은 애를 낳고 난 얼마 후부터 배가 차갑고 아픈 증세(冷腹之痛)가 있었다고 한다. 그리고 뱃속에 뭔가 덩어리가 만져졌다고도 한다. 아마도 오늘날의 '자궁근종'과 같은 부인병 종류가 아니었을까 생각된다. 오늘날 웬만한 부인병은 큰 병이 아니지만 전근대 시기에는 치명적인 병이 될 수 있었다.

사실 이 시기 여자들이 일찍 죽은 이유는 출산 또는 출산 관련 후유증이 태반이었다. 댓돌에 신발을 벗어놓고 애 낳으러 방으로 들어가면서 '내가 저 신발을 다시 신을 수 있을까' 했다는 여자들의 넋두리는 그냥 하는 말이 아니었다.

이런 상황이니 권상일은 노비가 애를 낳아도 이를 금기로 삼아 주의했다. 당연히 며느리가 산고를 겪을 때는 집안 제사를 약식으로 치렀다. 손자며느리가 아들을 낳은 후 밥을 먹기 싫어하며 구토 증세를 보일 때는 크게 걱정하며 상태를 면밀히 살폈다. 노상추(盧尙樞)의 경우에도 첩 석벽(惜壁)이 출산 직전 유종(乳腫)으로 고생하자, 매일매일 상태를 체크하며 노심초사했다. 아이를 낳은 후에도 유종이 낫지 않자, 산모는 친정에 두고 아이만 따로 데려와 남에게 젖을 먹일 정도로 신경을 썼다. 조선의 양반 남자들은 산전 산후 여러 병증이 여자들의 죽음으로 이어지고, 또 그것이 자신들의 재혼 원인이 될 수 있다는 사실을 잘 감지하고 있었던 것으로 보인다.

1712년 두 번째 부인을 잃었을 때 권상일은 서른네 살이었다. 양반 남자가 혼자 살기에 애매한 나이였다. 더구나 권상일에게는 두 돌 된

아들이 있었다. 삼혼이 불가피했다. 일기에 빠진 부분이 있어서 언제 다시 혼인했는지 알 수 없지만, 1715년쯤으로 보인다. 이때는 재혼만큼 서두른 것 같지는 않다. 그런데 1720년 그는 또 세 번째 부인의 첫 기제사를 지내고 있다. 세 번째 부인마저 4~5년 만에 죽은 것이다. 권상일은 세 번 혼인하고 세 번 부인을 잃었다. 이제 그는 사십 대 초반이 되었고 열 살, 네 살 된 두 아들이 있었다.

권상일의 이때 심정은 어땠을까? 어린 아들이 있으니 여자의 손길이 필요하기는 한데 그렇다고 다시 혼인을 해야 했을까? 생각해보라. 사당에 한 남자 부인의 신주가 네 개나 들어가는 장면을……. 이제까지 여러 기록을 봤지만 양반 남자가 네 번 정식 혼인한 사례는 잘 보지 못했다. 역시 민망한 일로 여겼던 모양이다. 권상일은 결국 소실을 들였다. 소실을 들일 때의 기록은 아주 짧다. 첩에 대해 길게 언급하고 싶지 않았던 것 같다. 훗날 권상일은 혼인과 관련한 자신의 일들을 '재앙'이라고 표현했다.

예나 지금이나 결혼은 에너지가 많이 드는 일이다. 상대를 선택하고 나 자신도 선택되어야 하기 때문이다. 그런데 그 과정을 여러 번 반복해야 한다는 사실이 과연 즐겁기만 할까? 전 부인에 대한 감정이 정리되지도 않았는데, 웃어른들이 혼인을 서두를 때 본인은 얼마나 불편했겠는가? 어쩌면 이것은 남자들에게 하나의 제약이었는지도 모른다. 원하지 않아도 집안을 이어야 하는 책임 때문에 다시 혼인을 해야 할 경우가 있었으니 말이다. 조선 시대 양반 남자들에게 재혼이 반드시 즐거운 일만은 아니었던 것으로 보인다. ◉

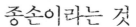

종손이라는 것

◉

제사하면 역시 가장 먼저 떠오르는 사람은 제사의 주체자들이다. 맏며느리가 힘들다는 얘기는 많이 거론되어왔지만 맏아들, 즉 종손에 대해서는 은근히 그냥 지나치는 경우가 많다. 사실 종손의 어려움은 맏며느리 이상이다. 조선 시대에 이른바 종손의 삶은 만만치 않았다.

노상추(盧尙樞, 1746~1829)는 종손 종옥(宗玉)과 끝내 불화했다. 말년에 종옥과 대면했을 때 "독사가 앞에 앉아 있는 것 같다"고 표현할 정도였다. 종옥은 노상추 맏형님의 손자로 집안의 종손이었다. 집안 어른인 노상추가 가장 많이 지원해줘야 할 사람이었다. 그런데 실제로는 노상추와 종옥은 만나기만 하면 으르렁거렸다.

이번 정월에 종옥이 아프다고 제사를 지내지 않았다. 몇 년 전 7, 8월

제사에도 전염병이 돌아서 깨끗하지 않다며 제사를 안 지내려고 하다
가 임박해서 내가 서둘렀더니 겨우 지낸 적이 있다. 또 지난겨울 묘사
(墓祀)도 흉년을 핑계로 지내지 않았다. 그런데 이번 정월에 또 제사를
안 지내니 5대조 제사도 안 돌아보는데, 뭘 더 바라겠는가?

— 『노상추일기(盧尙樞日記)』(1815년 2월 8일)

제사에 소홀한 종손에 대한 비난이다. 이 일이 있고 나서 얼마 후
종옥은 또 제사답을 팔았다. 제사답은 만세불역지전(萬世不易之田), 즉
글자 그대로 절대 팔아서는 안 되는 땅이었다. 그런데 종옥이 탈취하
다시피 문서를 가져가서 팔아버린 것이다.

1811년(순조 11) 예순여섯 살이던 노상추가 가덕 첨사에 제수되어
집을 비운 지 얼마 안 됐을 때의 일이었다. 종옥과 종옥의 숙부 기엽
이 노상추 집으로 쳐들어왔다. 그들은 토지 문서를 정리해야 한다면
서 노상추의 아들 익엽에게 문서를 가져오라고 시켰다. 그런데 문서
궤짝에 자물쇠가 채워져 있자, 기엽은 열쇠를 가져오라고 다그쳤다.
익엽은 "열쇠는 아버지께서 갖고 계신데요"라고 했다. 그러자 기엽은
종옥에게 "너한테도 열쇠가 있지? 그게 어쩌면 맞을지도 몰라"라고
했다. 종옥이 열쇠를 꺼내 맞춰보니 과연 자물쇠가 열렸다. 그러자 문
서를 꺼내 살펴보고는 그대로 가져가버렸다. 나중에 이들에게 문서를
가져간 이유를 물으니 '매식(賣食)', 즉 팔아서 먹고살아야겠다는 것이
었다. 이때부터 노상추는 종옥을 몹쓸 종손이라고 생각했다.

그렇다면 종옥은 왜 이런 행동을 했을까? 노상추는 사실 종옥뿐만

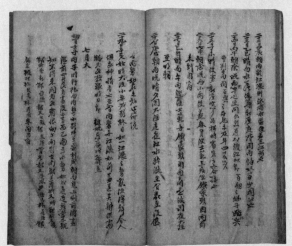

『노상추일기』 조선 후기 무반 노상추가 열일곱 살 때부터 생을 마감하는 여든네 살까지 거의 빠짐없이 쓴 일기이다. 이 일기에는 당시 사람들이 어떻게 살며 또 무엇에 가치를 두었는지가 잘 나타나 있다.

아니라 종옥의 아버지 정엽과도 사이가 좋지 않았다. 노상추가 보기에 정엽 역시 종손으로서 제사를 제대로 관리하지 못하는 것 같았기 때문이다. 노상추의 형님은 어린 정엽을 남겨놓고 일찍 죽었다. 당시 형수는 스물여섯 살이었다. 청상(靑裳)이나 다름없었다. 이 형수는 매사에 의욕을 보이지 않았다. 자신이 종부라는 사실에도 그다지 의미를 두는 것 같지 않았다. 유일한 낙은 친정 나들이(覲行)로, 집을 비우는 일이 잦았다. 이해가 될 만도 하다. 예순네 살에 생을 마감하기까지 40년간 독수공방하면서 무슨 의욕이 있었겠는가? 어린 자식과 종부만 있는 종가는 썰렁할 수밖에 없었을 것이다.

이런 분위기 때문일까? 정엽은 출세하지 못했다. 노상추의 아들 익엽이 무과에 급제하고 홍덕 현감까지 지낸 것과 대조적이었다. 노상추는 종가가 늘 자기네 집을 헐뜯었다고 말했다. 그런데 이 말을 정엽네 집에서도 똑같이 했다. 익엽이 자기네를 늘 무시했다는 것이다. 종손과 지손의 대표적인 갈등이었다. 종손이 잘되면 모르지만, 그렇지 않은 경우 종손과 지손의 갈등은 거의 예외 없이 일어났다. 이미 고대부터 흔한 일이었다.

그래서 『예기』에서는 종손과 지손을 하늘과 땅 차이로 구분했다. 지손은 종손보다 귀하고 부유해졌더라도 절대 부유한 티를 낼 수 없었다. 가령 지손은 좋은 수레가 있어도 종손 집에 들어가려면, 수레를 멀리 두고 단출하게 걸어서 들어가야 했다. 종손의 권위를 한껏 높여준 것이다. 침해될 가능성이 높을수록 권위는 더 높여줘야 했다. 사실상 지손들은 늘 종손의 자리를 넘볼 수 있었다. 지금이야 장남이라는 것을 좋아할 사람이 거의 없지만, 가장 많은 상속 몫과 가문 내의 위치가 보장되던 조선에서 종손 자리는 탐나는 거였다.

노상추가 종가 재산을 탐낸다든지 하는 모습은 볼 수 없지만 고위 관직을 지냈다는 것은 역시 집안에서 영향력이 크다는 것을 의미했고, 따라서 질투의 대상이 될 수 있었다. 벼슬이 종3품에까지 이른 것은 분명 부러움을 살 일이었다. 또 아들도 급제를 하고 벼슬살이를 하지 않는가? 지손 집은 잘되고 종손 집은 별 볼 일 없는 전형적인 경우였다.

종옥이라고 왜 과거에 뜻이 없었겠는가? 실제로 종옥도 여러 차례 과거를 봤다. 그러나 결과는 번번이 낙방이었다. 앞에서 봤듯이 종손에게 일차적으로 요구되는 것은 제사 지내기였다. 과거에 집중할 시간이 별로 없었다. 노상추는 과거에 급제하기까지 10년이 걸렸는데, 10년 공부에 가산을 탕진하다시피 했다고 늘 말했다. 그만큼 집중력이 필요했다. 그런데 종손은 제사의 주체가 되어 종가의 일을 책임져야 했기에 과거에 집중하는 게 쉽지 않았다. 결국 종옥은 언제부턴가 과거를 접고 말았다.

조선 후기 제사 지내기는 가문 유지의 기본이었다. 집안사람들은 그 가문을 배경으로 관직에 나가 활동했다. 그러나 종손이 지켜내는 기본이라는 것은 관직 생활만큼 화려하지 않았다. 되레 말들만 많았다. 종옥은 제사가 버거웠고 동시에 노상추 집이 부러웠을 것이다. 종손 역할에 싫증도 났을 것이다.

더구나 세상은 변하고 있었다. 이미 19세기 아닌가? 변화의 시기에 가진 것이 없는 사람들이 전통적인 가치를 지켜내기란 더 어려운 법이다. 당장 먹고살 일이 문제인데, 어떻게 예의와 도덕을 챙기겠는가? 노상추는 경제적 여유가 있었기 때문에 제사 원칙을 고수할 수 있었다. 그러나 종옥은 전통적 가치에 머물기에도, 새로운 가치에 뛰어들기에도 어정쩡한 상황에 있었다. 어떤 것이든 주체적으로 선택해서 행동하기에 종옥의 기반은 너무 허약했는지도 모른다. 근대라는 상황에 적극적으로 대처하기에는 종손들에게 장애가 많았다. 19세기로 접어든 시점, 종손의 위치는 이미 많이 애매해져가고 있었다. ◉

사랑은 조선 시대에도
불가해였을까?

⊙

조선 시대 모든 간통은 사랑이었다. 조선이 혼인이라는 제도 안에 들어오지 않는 남녀 관계는 모두 간통으로 간주했기 때문이다. 즉, 처녀 총각이라도 혼인 전에 성관계를 맺으면 간통이었다.

1423년(세종 5) 9월 25일, 대사헌 하연(河演)은 은밀히 세종에게 주위를 물려줄 것을 청했다. 그러고는 관찰사를 지낸 이귀산(李貴山)의 부인 유씨와 지신사(知申事) 조서로(趙瑞老, 1382~1445)가 간통을 했으니 국문을 해야 한다고 아뢰었다. 왕은 일단 유씨를 옥에 가두었다. 그리고 보름 후 유씨 부인은 참형에 처해졌고 조서로는 영일로 귀양을 갔다. 어찌된 이야기일까?

유씨 부인과 조서로는 본래 먼 친척 사이였다. 유씨는 어려서 아버지를 잃고 여승이 되었는데, 친척인 조서로 어머니 집에 자주 드나들

었다. 조서로가 열네 살이 됐을 때 이들의 사랑은 시작되었다. 조선왕
조실록에는 물론 이들의 관계를 '사(私)'라고 표현했다. 사사로이 간통
했다는 뜻이다. 조서로의 어머니는 두 사람의 관계를 알고 유씨를 몹
시 미워했고, 유씨는 더는 그 집에 갈 수 없었다.

그리고 그로부터 얼마 후 유씨는 환속했고 뒤이어 이귀산에게 시집
갔다. 그런데 언제부턴가 조서로가 이귀산의 집을 드나들기 시작했다.
이귀산은 이때 이미 늙었는데 유씨를 아주 많이 사랑했다. 그래서 친
척이라며 찾아오는 조서로를 늘 후하게 대접했다. 심지어 안방으로 불
러들여 술자리를 베풀고 유씨로 하여금 술을 따르게 하기도 했다. 또
좋은 말(馬)을 주기도 했다. 그야말로 더할 수 없이 잘해줬다. 그러나
그런 배려도 유씨와 조서로의 사랑을 막지는 못했다.

"목복(木卜)의 집에서 만나 이 울울하게 맺힌 정을 풀기 바란다."

이는 유씨 부인이 몰래 조서로에게 보낸 쪽지 편지 내용이다. 여기
서 '목복'은 '박(朴)' 자를 풀어서 쓴 것으로, 조서로 누이동생의 아들
박동문(朴東文) 집에서 만나 회포를 풀자는 뜻이었다. 그런데 이 편지
가 잘못 전달된 것인지 이들의 관계는 들통이 났고, 결국 사헌부로 끌
려갔다. 사헌부는 이들이 1년 이상 정을 통해왔다고 밝혔다.

세종은 "우리 동방이 예의로서 나라를 다스렸으니, 그 유래가 오래
다. 대대로 벼슬하여 온 세족(世族)의 집에서는 이 같은 행실이 있지
않았다. 지신사는 그 직분이 왕명의 출납을 맡는 것으로 그 임무가 지
극히 무겁거늘, 그런데 지금 그 죄가 강상(綱常)을 범하는 데 이르렀다.
그러나 조서로는 공신의 맏아들이라 형을 가할 수는 없다. 유씨는 대

신의 아내로서 감히 음탕한 짓을 행하였으니, 가히 크게 징계하여 뒷사람을 경계하라"고 하면서 처벌을 명했다.

유씨는 저잣거리에 묶인 채 3일 동안 서 있다가 목이 베였다. 참형이었다. 물론 법으로 정해진 것 이상의 처벌이었다. 본래 곤장 90대만 치면 되는데 엄청난 가중처벌을 한 것이다. 어우동의 경우보다 오히려 더했다. 세종은 후에도 다시 유씨 부인의 간통은 아주 죄질이 나쁜 사건으로 기록했다. 유씨가 양반 유부녀라는 게 그 이유였다.

조서로의 아버지는 개국공신 조반(趙胖)이었다. 조서로는 공신의 아들이라는 이유로 귀양에 그치고 죽음에 이르지 않았으니, 유씨 부인에 비하면 분명히 가벼운 처벌이었다. 그러나 고위 관직자였던 조서로에게 삭탈관직과 귀양은 유씨 부인의 죽음 못지않게 고통스러운 형벌이었다. 조서로는 향후 20년간 다시는 관직에 복귀하지 못했다. 이미 죽고 난 후 그것도 단종 대에 가서야 관리 임명장인 고신(告身)을 돌려받을 수 있었다.

조서로는 스물두 살에 문과에 급제했다. 20대 급제는 매우 빠른 것이다. 그리고 급제한 지 2년 후에 벌써 이조 좌랑이 되었다. 이조 좌랑은 요직 중에도 요직이었다. 그 자리를 약관 스물다섯 살에 차지한 것이다. 물론 얼마 후 건의를 잘못 올려 잠시 관직에서 물러난 적도 있지만, 조선에서는 관직 생활을 하다 보면 그런 경우는 비일비재했다. 조서로는 1년 남짓 지나서 다시 조정으로 돌아왔고 의정부, 사헌부의 요직을 두루 거쳐 결국 지신사에까지 이르렀다. 지신사는 훗날의 도승지다. 마흔네 살에 도승지라? 거칠 것이 없어 보인다. 더구나 왕의 최

측근이 아닌가? 특히 세종 초 조서로는 중국 사신 접대에서 두각을 드러냈다. 한마디로 조서로는 간통 사건이 있기 전까지 잘나가는 엘리트였다. 그런 조서로가 유씨 부인과의 사랑 때문에 모든 것을 잃고 만 것이다.

열네 살 첫사랑의 기억은 조서로에게 그렇게도 강렬한 것이었을까? 근 25년의 세월이 지났는데도 다시 유씨 부인에게 빠져들었으니 말이다. 조서로에게 그렇게 잘해주는 남편을 바라보는 유씨 부인의 마음은 어땠을까? 죄책감이 없지 않았으리라. 그런데도 조서로에게 만나자는 편지를 보낼 수밖에 없는 심정은 또 어땠을까? '이러다가 결국 사단이 나지' 하는 생각도 했을 것이다. 그래도 조서로와 유씨 부인은 스스로를 어쩔 수가 없었다.

조선 시대 사람들에게도 사랑은 불가해였던 모양이다. 유씨 부인은 고마운 남편을 두고도 이른바 불륜을 저질렀다. 한마디로 사랑이 아니고 무엇이겠는가? 지금도 사랑은 계속 다시 정의되고 있다. 그만큼 손에 잡히지 않는다는 얘기다. 그런데 사실 사랑만큼은 계속 불가해로 남아 있으면 좋겠다는 생각이다. 사랑마저 정복되어버리면 세상이 얼마나 밋밋하겠는가? 우리에겐 아마도 거의 남는 얘깃거리가 없을 것이다. ◉

사랑과 우정 사이

남녀 사이에 우정이 존재할까? 남녀에게는 사랑이라는 감정이 더 강력하고 또 일반적이어서 우정은 그 존재 자체가 불안정해 보인다. 우정을 유지하다가도 어느 순간 복잡 미묘한 감정에 빠져버리는 경우가 허다하기 때문이다. 더구나 그들이 젊다면 그 가능성은 더 높아진다.

1614년(광해군 6) 조선 조정은 이 문제로 잠시 고심한 적이 있다. 이른바 '칠서(七庶)의 옥' 때의 일이다. 양반집의 서자 일곱 명이 모여 광해군을 몰아내고 영창대군을 세우려 했다는 옥사이다. 당시 대부분의 주모자가 잡혀 죽었는데, 핵심인 박치의(朴致毅)만 잡히지 않았다. 몇 년이 지나도록 박치의는 종적이 묘연했고, 다그침을 받는 지방 수령들은 때로 엄한 사람을 잡아오는 경우가 있었다.

오언관(嗚彦寬)과 이여순(李女順)이 잡혀온 것도 오언관을 박치의로 오인했기 때문이었다.

저는 이름이 영일(英一)이 아니고 여순(女順)입니다. 부사를 지낸 이귀(李貴)의 딸이고 죽은 유학 김자겸(金自兼)의 처입니다. 예닐곱 살부터 문자를 조금 알았는데, 세상에는 마음이 없었습니다. 열다섯 살에 시집을 가서도 또한 남녀로서 아이 낳고 사는 것에는 뜻이 없었습니다. 오직 도(道)에만 마음을 두어 8, 9년 공부를 하다 보니 조금 얻는 바가 있는 것 같았습니다. 남편은 지기(志氣)가 비범하고 일찍 선학(禪學)을 공부하였기 때문에 저를 아내의 도로 대우하지 않았습니다. 오언관은 도를 같이 공부하는 친구였는데, 일찍부터 남편이 말하기를 "당신 같은 처가 있고 오언관과 같은 친구가 있으니 나의 일생의 행운이오"라고 하였습니다. 세 사람은 앉아서 종일 도를 논하여 때로 야심하도록 하였습니다.

—『광해군일기』(광해군 6년 8월 19일)

이여순의 공초 내용이다. 우선 자신의 이름이 영일이 아니라 여순이라고 밝히고 있는 점이 흥미롭다. 조선 시대 여자 이름은 평소에는 잘 불리지 않지만, 이렇게 심문의 대상이 될 때는 명확히 불렸다. 그러니까 조선에서 여자들은 이름이 없었던 게 아니라 이름이 불릴 일이 많지 않았던 것이다.

이귀는 훗날 인조반정의 핵심이 되는 인물이다. 그런데 한다하는 양반집 여식인 그의 딸 여순이 살림에는 뜻이 없고, 오로지 불교에 심취하여 매일 남편 또는 남편 친구와 도를 논했다는 것이다. 더구나 남편은 죽으면서 오언관에게 "내 처가 있으니 나는 죽지 않은 것이네. 그대는 세상 말에 신경 쓰지 말고 모름지기 도를 위해 지금처럼 방문하게"라고 했다고 한다. 이여순과 오언관은 남편 말대로 자주 도를 논하며 공부했다. 그러다가 오언관이 산으로 들어간다는 말을 듣고 그녀도 따라나섰다. 시어머님과 친정 부모님께는 편지 한 장만 달랑 남겼다. 덕유산에 이르러서는 드디어 머리를 깎았다. 이들은 승려로 행세하고 있었지만 남녀가 동행하고 있으니 사람들의 의심을 샀고, 결국은 촌민들에게 잡힌 것이다.

처음에는 역모 주모자로 오인되어 잡혔지만 곧 박치의라는 오해는 풀렸다. 그러나 그 이후에 양반집 부녀자가 외간 남자와 산천을 유람했다는 사실이 더 문제가 되었다. 이른바 풍속에 저촉된다는 것이다.

간범한 일이 없는 것은 청천백일과 같으니 비록 만 번 죽어도 부끄러움이 없습니다. 한방에서 잤다는 말은 극히 애매합니다. 노비들이 비록 그렇게 말한다고 하지만 나정언(羅廷彦)의 첩인 정이(貞伊)가 서울부터 산에 이르기까지 항상 같이 있어서 소변볼 때에도 잠시도 떨어지지 않았으니 어찌 애매한 일이 있었겠습니까?

—『광해군일기』(광해군 6년 8월 19일)

이여순은 끝까지 이렇게 주장했다. 나정언의 첩 정이도 이여순을 끝까지 옹호했다. 그녀는 이여순의 도가 이미 경지에 올라서 "제때에 밥을 먹지 않았고 더러는 20일 동안이나 물도 마시지 않았지만 조금도 주리고 피곤한 모습이 없었으며 혹 한 달이 되도록 잠을 자지 않기도 했다"고 말했다. 아울러 '온몸에 향기가 풍기고 깜깜한 밤에도 대낮처럼 광채가 발산될' 정도라고 했다.

공초에서 자백을 받지 못한 조정은 꽤 오랫동안 이 문제로 고민했다.

생각건대 우리 조종이 법제를 만들어서 삼강을 세우고 오륜을 밝히면서, 사족(士族) 부녀의 음간(淫奸)에 대해서는 그 율을 더욱 엄하게 하였습니다. 그런데 근년에 오면서 나라의 기강이 완전히 없어져 사람들이 법을 두려워하지 않습니다. 이여순은 바로 재신(宰臣) 이귀의 딸인데 공공연하게 오언관과 간음을 하면서 산과 계곡에서 놀아났는데도 지금까지 형벌을 피하고 있습니다.

—『광해군일기』(광해군 11년 12월 3일)

이때에 신하들은 대부분 죄를 주자는 쪽이었다. 그런데 왕은 처벌에 적극적이지 않았다. 신하들의 의견은 한결같지만, 간통의 근거가 명확하지 않다는 거였다. 왕은 신하들의 반대에도 이여순을 당시 사면령에 포함시켰다.

조선 시대에 살림보다 학문에 몰두해서 남편 친구와 학문적 교우 관계를 유지한 여자가 있었다는 사실이 흥미롭다. 이여순이 자신의 생각을 글로 남겼다면 흥미로운 자료가 될 텐데, 안타깝게도 그러지 못해 아쉽다.

국가는 왜 이들의 관계가 간통인지 우정인지를 놓고 그렇게까지 따졌을까? '칠서의 옥'과는 이미 상관없다는 게 확인되었는데도 이들 남녀에 대해 왜 그렇게 세밀하게 조사했을까? 역시 조선은 도덕성, 특히 양반의 도덕성 문제에 매우 민감하게 반응했다는 것을 알 수 있다. 그리고 더불어 미심쩍은 부분이 있을 때는 무리하게 죄를 주지 않는다는 원칙도 확인할 수 있다. 간음이 확실할 때는 과한 벌을 주기도 했지만 명확하지 않을 때는 처벌에 신중했다. 조선 시대의 재판은 공정하고 또 정확한 면이 있었던 것이다.

그러나 오늘 여기에서 주목하고 싶은 것은 이 남녀에 대한 재판 과정이 아니다. 이들 남녀가 복잡한 과정을 겪으면서도 이른바 우정을 지켜냈다는 사실이다. 조선 사회에서 이런 종류의 남녀 관계가 존재했다는 것이 흥미롭다.

조선 시대든 오늘날이든 남녀의 우정은 존재할수록 좋겠다는 생각이다. 그것은 사랑과는 또 다른 인간관계의 한 영역을 확보하는 것이기 때문이다. 실제로 사랑과 우정 사이를 왔다 갔다 하는 애매모호한 감정이 있다면 그것만큼 삶에 긴장감을 주는 것도 없지 않겠는가? ◉

안 예쁜 여자는 없다

"남자들은 20대에도, 30대에도, 40대에도 20대 여자만 찾는다."

여자들이 남자들의 가벼움을 성토할 때 흔히 하는 말이다. 남자들은 왜 젊고 예쁜 여자를 찾을까? 과연 남자들이 다 마음 씀씀이가 나빠서 그런 걸까?

"여자에게 있어서 7은 중요한 숫자이다. 즉, 일곱 살에 치아가 모두 나고, 열네 살에 성적으로 성숙하며, 스물한 살에는 여성으로서 정점에 이르며, 마흔아홉 살에는 폐경을 맞는다."

중국 의학 문헌에 나와 있는 여자의 신체 변화에 대한 설명이다. 이어서 남자는 8이라는 숫자가 중요하다고 했다.

"즉, 여덟 살에 치아가 모두 나며 열여섯 살에 성적으로 성숙하고, 스물네 살에 남성으로서 정점에 이르며, 예순네 살에는 자손을 볼 수 없게 된다."

이 숫자들을 놓고 보면, 여자는 남자보다 젊은 기간이 짧다. 빨리 성숙하고 빨리 노화한다. 결정적으로 여자의 폐경기는 마흔아홉이고 남자들은 예순넷까지 생식 능력이 있다. 사실 남자들은 문지방 넘을 힘만 있어도 아이를 낳을 수 있다고 한다. 그러나 여자들은 아니다. 생식 능력에서 남녀는 15년 이상 차이가 난다. 여기에는 이유가 있어 보인다.

『예기』에서 '남녀의 결합은 위로 조상을 받들고 아래로 후손을 잇기 위한 것'이라고 했듯이 인간에게 종족 보존은 생의 기초이다. 그래서 진화의 원동력을 종족 보존에서 찾기도 한다. 그러니 남자들이 생식 능력에서 우세한 젊은 여자를 찾는 것은 어쩌면 당연한 일이 아닐까? 남자들을 성토할 일만은 아니다. 성토해도 바꾸기 어렵다. 그보다는 현실적인 대처가 필요하다.

여자들로서는 짧은 젊은 기간을 어떻게 잘 활용할 것인가가 관건이다. 그런데 여기에는 또 이런 문제가 제기될 수 있다. 잘 좀 활용해보려고 해도 남자들이 너무 예쁜 여자만 찾는다는 사실이다. 예쁜 여자에 목매지 않는 남자가 있는가?

부인의 좋은 상은 얼굴에 화색이 돌고 머릿결이 검고 가늘며 매끄럽고, 눈은 길고 흑백이 분명하며 정신 상태가 나쁘지 않고 인중이 바르며 균형이 잡혀 있고 입술이 붉고 치아가 희며 광대뼈가 품위 있고 뺨이 통통한 사람이다. 또 몸이 유연하고 뼈가 부드럽고 크지 않으며 피부가 희

고 매끄러우며 말하는 목소리가 조화롭고 성품과 행동이 유순하면 남

자에게 이익이 된다.

—『증보산림경제(增補山林經濟)』

『증보산림경제』는 1766년 유중림(柳重臨)이 홍만선(洪萬選)의 『산림
경제(山林經濟)』를 증보하여 간행한 농사요결서(農事要訣書)이다. 이 책
에서는 좋은 부인의 상이 얼굴에 화색이 돌고 머릿결이 검으며 눈의
흑백이 분명하고 또 입술이 붉고 치아가 희어야 한다고 했다. 그런데
이건 분명 미인을 말한다. 거기에다가 피부가 희고 매끄럽다면 완벽한
미인의 조건이 아닐까? 인상 좋은 부인의 조건이라고 하지만, 실질적
으로는 예쁜 여자를 얘기하고 있다는 생각이 든다. 그리고 결정적으
로 이런 여자들이 남자에게 이익이 된다고 하지 않는가? 남자에게 이
익이 된다는 것은 훌륭한 자식을 낳아 가문을 잘 유지하는 데 좋다
는 뜻이다. 결론적으로 남자들이 예쁜 여자를 찾는 것은 단순한 미의
추구만은 아닌 것 같다. 남자들이 예쁜 여자에 집착하는 것은 종족
보존과 연관된 '인지상정(人之常情)'이 아닌가 한다.

그렇다면 정말 입술이 붉고 피부가 하얗지 않으면 남자들의 관심
을 끌기 어려울까? 남자들이 예쁜 여자를 찾는 것은 사실이지만, 예
쁜 여자에 대한 개념에는 얼마간 틈새가 있다. 예쁘다는 것은 젊음만
큼 절대적이지 않다. 주관성이 개입될 여지가 있다는 것이다. 청의 문
학가 이어(李漁)는 여자의 자태(姿態)를 중시했다. 자태란 '아름다움의
독창성'이랄까, 단순한 미모(姿色)보다 한 수 위라고 정의했다.

자태가 사물을 빚어내는 것이다. 아름다운 사람을 더 아름답게 하거나 요염한 사람을 더욱 요염하게 할 수는 없지만 나이 든 사람을 젊게 하고 못생긴 자를 곱게 만들 수 있다. 정이 없다가도 정이 붙게 하고 그녀에게 속더라고 깨닫지 못하게 할 수 있다. 여자가 한 번 미태(美態)가 생기면, 3~4할의 자색(姿色)을 가지고도 6~7할의 자색을 가진 여자를 이길 수 있다. 6~7할의 자색을 지녔으나 미태가 없는 여성과 3~4할의 자색을 지녔으나 미태를 가진 여성을 함께 세워놓고 보라. 사람들은 3~4할의 미태를 좋아할 뿐 6~7할의 자색을 좋아하지 않는다. 이는 자태는 얼굴에 비해 그 효과가 배에 그치는 것이 아니라 몇 배에 이르기 때문이다. 여자들 중에는 용모는 하나도 볼 것이 없으면서도 계속 생각나게 하고 심지어는 그녀의 명령에 복종하게 만드는 사람들이 있는데 모두 '태(態)' 하나가 수작을 부리는 경우이다.

—『일가언집(一家言集)』

애기의 요지는 좀 덜 예뻐도 뭔가 특별한 자태가 있으면, 더 예쁜 사람을 이길 수 있다는 것이다. 자태가 도대체 무엇이기에 그럴 수 있다는 것인가? 요즘 말로 옮기면 매력일까? 웃는 얼굴, 성격, 배려, 발랄함, 어떤 능력, 지성, 옷차림, 카리스마, 섹시함, 착한 몸매, 아니면 이효리가 말하는 자신감? 어쩌면 또 다른 무엇일 수도 있을 것이다.

오래전 학자의 말을 오늘날에도 그대로 적용할 수는 없을 것이다. 그러나 적어도 아름다움에는 주관이 개입할 여지가 있다는 것만은 분명하다. 주관성은 젊지 않은 여자들도 아름다워 보이게 할 수 있다.

모름지기 여자들은 언제나 자기가 예쁘다고 우길 자세가 되어 있어야 한다. 거기에 걸려들 주관 있는 남자들은 많기 때문이다. 세상에 안 예쁜 여자는 없다. ⊙

청과 조선의 경계,
그 땅의 풍속

⊛

조선 시대에 만주는 우리에게 무엇이었을까? 만주 땅은 오랫동안 비어 있었다. 청은 자신들의 근거지를 성지(聖地)라는 이름으로 비워 두고자 했고, 조선은 청에 대한 경계심으로 비워져 있기를 바랐다. 청과 조선 사이에는 약 40킬로미터에 이르는 빈 땅이 있었던 것이다. 공한지(空閑地)라고 불렸는데, 일종의 DMZ 같은 지역이었다. 그런데 과연 이 지역은 조용히 비워져만 있었을까?

1788년(정조 12) 갑산에 진장으로 간 노상추는 이 지역의 풍습을 보고 놀란다. 이곳이 조선 땅이긴 한데, 예법이 씻은 듯이 없다는 것이다. 조상 제사를 지낼 때 고조부 기일에 아버지, 조부, 증조부 제사를 한꺼번에 몰아서 지내자, 노상추는 '이게 제사야? 종친회야?'라는 생각을 한다. 노상추는 이것이 모두 귀신에 대해 전혀 모르기 때문에 나오는 행위라며 참으로 한심하다고 말한다. 모든 조상 제사를 따로따로 지내는 남쪽의 상황과 너무도 달랐던 것이다.

그리고 혼례 풍습은 양반이나 일반민이나 '친영'을 하는 듯했다. 이 지역에서는 혼인날 신부 집에 가서 일단 혼례를 치른 다음, 곧바로 신부를 데리고 신랑 집으로 갔다. 혹 신랑 집이 멀면 중간에 여관(路店)에서 자기도 했다. 중국의 친영에서 흔히 보는 방식이었다. 신부 집에서 혼례를 마치고 며칠 후 신랑 혼자 본가로 돌아가는 남쪽의 풍습과 확실히 달랐다.

게다가 음란한 풍속은 말로 다할 수 없다고 했다. 처자들이 몰래 간통하는 것은 예사였고, 관직자의 과부도 매우 음란했다. 이 시기 남쪽의 양반 과부들이 재가를 안 할 뿐 아니라 열녀에 목숨 걸었던 것과 대조적이었다. 또 조선에서 엄금하는 소 도살도 이곳에서는 예사로 행해졌다. 노상추는 이 모든 것이 호풍(胡風)이라고 결론지었다. 오랑캐 풍속이라는 것이다.

노상추는 같은 시기 백두산 제사에 참여한 적이 있었다. 이때 그는 백두산을 우리 동방의 '조종산(祖宗山)'이라고 말했다. 우리에게 조상과 같은 산이라는 얘기다. 또한 청 못지않게 우리도 백두산을 중시하여 대대로 이곳에 단을 설치하고 제사를 지내왔다고 했다. 본래 왕이 친히 제사를 지내야 하지만 여의치 않아 갑산 부사가 대신하고 있다는 것이다.

여기서 노상추는 잠시 고민에 빠졌다. 백두산은 분명 우리 산인데, 이 지역 풍속은 왜 이 모양이냐는 것이다. 그의 탄식은 흥미롭다. 단일

함경북도와 만주 함경도 지방은 특히 조선과 여진이 공존하는 지역이었다.

민족을 생각하면 탄식은 당연하지만 다른 풍속이 꼭 문제일까? 풍속이 다르다고 해도 엄연히 조선 땅이었다. 40킬로미터에 이르는 땅이 비어 있었다고 하지만, 그대로 비어 있는 것만은 아니었을 것이다. 거기에는 어느 쪽 것도 아닌, 그러면서 실은 양쪽 모두의 것인 땅이 존재했다. 자연히 문화는 섞일 수밖에 없다.

노상추는 이를 한탄하고 있지만 사실 그것은 또 다른 가능성일 수도 있다. 고구려, 발해 이후 우리 영토는 아니었다 해도 알게 모르게 어떤 연결고리가 계속 있었다는 뜻이기 때문이다. 사실 조선이 건국되는 데 이 지역민, 즉 여진족의 도움이 컸다. 이성계의 고조할아버지 목조(穆祖)는 원의 관직을 받았고 여진족과도 막역한 사이였다.

처음에 목조가 때때로 현성(峴城)에 가니, 여러 여진의 천호(千戶)와 다루가치(達魯花赤)들이 모두 교제하기를 원하므로, 마침내 그들과 함께 놀았다. 여러 천호들이 예절을 갖추어 대접하기를 매우 후하게 하고, 반드시 소와 말을 잡아서 연회를 베풀어 목조가 여러 날 머물게 하였다. 그리고 여러 천호들로서 알동(斡東)에 이른 사람이 있으면 목조도 또한 이같이 접대하였다.

—『태조실록(太祖實錄)』

같이 놀 정도였다는 것이다. 여진족이 이성계 집안사람들을 꽤 따른 것으로 보인다. 이들은 또 이후 이성계의 증조할아버지인 익조(翼祖)가 의주로 옮길 때는 의주로, 함주(함흥 부근)로 옮길 때는 함주로 따라왔다고 한다.

> 동북면 1도는 원래 왕업을 처음으로 일으킨 땅으로서 위엄을 두려워하고 은덕을 생각한 지 오래되어, 야인(野人)의 추장이 먼 데서 오고, 이란두만(移闌豆漫)도 모두 와서 태조를 섬기었으되, 언제나 활과 칼을 차고 잠저에 들어와서 좌우에서 가까이 모시었고, 동정(東征)할 때나 서벌(西伐)할 때에도 따라가지 않은 적이 없었다.
>
> —『태조실록』(태조 4년 12월 14일)

따라다닐 뿐만 아니라 전쟁도 늘 같이했다는 것이다. 건국에 이들의 도움은 적지 않았다. 이들은 건국 후 대거 조선으로 귀화했다. 한마디로 조선 사람들과 여진은 공존했다. 물론 갈등이 없지 않았다. 나중에 여진이 성장하여 호인으로서 조선을 압박하게 되지만, 그것도 이런 가까움과 갈등의 연장선상에 있는 일이었다. 노상추가 희한하게 바라보는 호풍이 있는 것은 어쩌면 당연한 일이다. 공존하며 섞여 있는 것이 만주의 역사라고 할 수 있기 때문이다.

그러니까 조선 말기와 일제 강점기에 그 많은 사람이 만주로 갔을 것이다. 오랫동안 그 어떤 지역보다도 친연성이 있으니까 말이다. 어떤 이념이나 학설보다도 사람들이 현재 거기에 살고 있다는 사실은 엄중하다. ⊙

우리는 시험을 좋아한다

1710년(숙종 36) 7월 4일, 권상일의 집 나무 두 그루가 쓰러졌다. 몰려드는 손님들 때문이었다. 손님은 권상일의 과거 합격을 축하하는 사람들이었는데, 얼마나 많았으면 나무가 쓰러질 정도였을까? 그가 6월 3일 문과에 합격하고 고향 문경으로 막 돌아왔을 때의 일이었다. 원근 각지에서 사람들이 그야말로 구름처럼 몰려들었다고 한다. 나무가 부러지는 장면에서 권상일은 웃음이 나온다고 일기에 적었다.

이는 문과 합격자에게만 있는 일은 아니었다. 1780년(정조 4) 4월 1일, 노상추도 비슷한 경험을 한다. 노상추 역시 한 달 전쯤 한양에서 무과에 급제하고 선산의 집으로 돌아왔을 때였다.

아침에 악공을 불러서 우선 가묘에 제사를 지냈다. 그러고는 집 옆 허

서방네 논을 빌려 연회석을 마련했다. 아침밥이 끝나기도 전에 누가 정자나무 아래 와 앉으며 '호신(呼新, 급제자를 부르는 예)'을 하는데 보니 정좌랑이었다. 이어서 또 한 사람이 와서 호신을 하니 김 주서였다. 정 도사, 김 좌랑 등이 연이어 오고 부사 이명철도 합석했다. 부사는 돌아갔지만 다른 사람들은 모두 머물렀다. 밤 이경이 되어서야 연회가 끝났는데, 내외 손님들로 온 방들이 가득 찼다. 나는 잘 곳조차 없었다. 오늘 왔다 간 사람이 아마 5,000~6,000에 이르는 듯하다.

— 『노상추일기』(1780년 4월 1일)

5,000~6,000명은 어마어마한 숫자이다. 오늘날에도 스포츠 경기가 아니라면 보기 어려운 인원이다. 또 나무가 부러졌다는 건 뭔가? 도대체 사람들은 왜 이렇게 몰려들었을까? 아마도 급제한 사람과 아주 작은 연결고리라도 갖고 싶어서였으리라.

노상추는 자신이 급제한 후에도 과거가 있을 때마다 영남 사람 중에 몇 명이나 급제했는지 끊임없이 확인했다. "문무과 식년시 전시(殿試)가 끝났다. 이번에 영남 사람은 문과에 모두 여섯 명이다"라고 일기에 적곤 했다. 권상일도 급제자 중 영남 사람으로 누가 있는지, 또 그들이 어느 관서로 발령받는지에 관심이 지대했다. 일종의 지역감정이다. 그런데 그 지역감정이 과거 합격자 수를 통해 표현된다는 것이 흥미롭다. 합격자 수가 적으면 영남의 소외 현상이라고 생각했고, 뭔가 중요한 이익에서 제외되었다는 생각에 불편해했다.

노상추나 권상일은 모두 10년 과거 공부로 집 안에 남아나는 게 없었다고 한탄했다. 그런데 사실 그만한 투자는 할 만했다. 급제를 하고 관직에 나가기만 하면 얻는 것이 너무 많았기 때문이다. 일단 급제한 사람은 관직자가 되는 게 보장되어 일등 신랑감이었다.

> 군직은 집이 부자고 다만 딸 둘뿐이니 딸과 나이 비슷한 사위를 맞이하는 것이 좋을 듯한데, 반드시 관직자를 구해 눈앞의 욕심만 채우려고 하고 사위가 늙어 딸과 어울리지 않는 건 생각지도 않는다. 지난번 우리 부부가 그 혼인이 마땅치 않다고 그렇게 애써 말했건만 군직은 지금 조경중(曹景中)을 사위로 맞으려는 생각만 하고 있다. 그 배움과 취향이 비루함을 알겠다.
>
> ─『미암일기』(1573년 12월 26일)

유희춘은 처남 송군직(宋君直)이 관직자를 사위로 삼는 데 집착하는 것을 비난했다. 자신이 부자이니 그렇게 꼭 관직자만 고집하지 않아도 될 텐데, 굳이 나이 차이가 많이 나는 사위를 얻으려고 하니 못마땅하다는 것이다. 그런데 송군직은 유희춘의 반대 의사에도 아랑곳없이 조경중을 사위로 맞아들였다. 유희춘은 비난했지만, 조선의 혼인에서 송군직과 같은 태도를 취하는 사람은 많았다.

사실 중국도 과거에 합격한 사람이라면 비록 딸과 열 살 이상 차이

삼일유가 과거에 급제한 사람이 사흘 동안 스승과 선배 및 친지들을 방문하는 일이다. 과거에 합격하고 관직을 기다리던 어느 여름, 노상추는 과거를 통해 공명(功名)을 얻으려다 가족들이 굶어죽는 지경에 이르자 걱정하는 처지가 된 자신을 초라하게 묘사하였다. "내 500여 냥을 모두 과거에 들어갔으니 앞으로 굶어죽는 것을 면하기 어려운가. 공명이라는 것이 참으로 가소롭다."

조선의 가족,
천 개의 표정

가 나도 부모는 그다지 문제 삼지 않았다. 쉰다섯 살의 김종직이 열여덟 살의 처녀와 재혼할 수 있었던 것도 김종직의 관직이 홍문관 제학과 성균관사 등에 이르렀기 때문일 것이다. 당시 후처 문씨는 곧바로 정부인에 봉해졌다.

조선은 관료 사회였고 따라서 벼슬길에 나아가는 것이 주류 사회로 진입하는 지름길이었다. 당연히 과거 합격자나 관직자는 가치가 높을 수밖에 없었다. 권상일은 대사헌까지 올랐고 노상추도 절제사로 종3품에 이르렀다. 둘은 모두 노후에 경제적으로 여유가 있었으며 집안의 부러움을 샀다. 물론 훗날 후손들에게도 특별하게 기억되있다.

조선에서는 모든 길이 '과거'로 통했다. 가장 확실하게 출세하고 이익을 얻는 방법이었다. 신분과 혼인, 경제적 여유까지 보장되지 않는가? 그러니 어떻게든 급제자가 되고자 했고 만일 급제자가 못 된다면 급제한 사람과 사귀기라도 해야 했다. 권상일 집의 나무가 두 그루나 쓰러진 것은 충분히 이해가 되고도 남는다.

1000만 원 등록금 시대를 우려한다. 그런데 문제의 본질은 등록금이 비싸다는 데 있어 보이지 않는다. 문제는 누구나 대학을 간다는 데 있다. 80%가 대학에 가는 나라는 세계 어디에도 없다고 한다. 우리는 아주 오랫동안 시험을 통해 이익을 얻는 것을 봐왔다. 누구나 대학 입시를 치러 대학에 가야 한다고 생각하는 것은 이와 관련이 깊을 수 있다. 과거 시험의 전통은 아직도 우리에게 강력한 것이다. 우리나라의 입시 문제는 그 해결이 쉽지 않아 보인다. 아직은 시험 말고도 이익을 얻을 수 있는 다른 방법이 있다는 사실에 익숙하지 않기 때문이다. ◉

고려와 조선이 타협한
장례 문화

◉

　얼마 전 상가(喪家)에 갔더니 상주들이 삼베로 된 상복을 입고 있었다. 오랜만에 보는 풍경이었다. 요즘은 대개 상복으로 남자들은 검은색 양복을, 여자들은 하얀색이나 검은색 치마저고리를 입는 것이 일반적이라 조금은 의아했다. 우리는 언제부터 삼베로 된 상복을 벗고 검은색 혹은 하얀색 상복을 입었을까? 아마도 1970년대 '가정의례준칙'에서 시작된 것이 아닐까 한다. 검은 양복과 치마저고리는 일단 서양과 동양의 타협이자 이중성으로 보인다.

　이중성은 또 있다. 통상 빈소에서는 거의 말을 하지 않는다. 엄숙하다. 그런데 빈소를 나와 음식이 차려져 있는 곳으로 가면 분위기는 확 달라진다. 술이 있고 떠들썩하며 살짝 들뜬 분위기마저 감돈다. 물론 문상객들의 분위기지만 어쨌든 부조화다. 누구는 상가가 좀 떠들썩해야 한다고까지 말한다. 이 묘한 이중성은 도대체 어디에서부터 오는 것인가?

조선 초기 한참 사회 분위기를 쇄신할 때의 얘기다.

"상(喪)을 당한 집이 무당 집에 가서 귀신에게 흠향(歆饗)하는 자, 손님을 모아 제를 베푸는 자, 장례 날에 술을 마련하는 자 등이 있으면 서울은 사헌부에서, 지방은 감사나 수령이 엄히 금하고 만일 범하는 자가 있으면 주인과 손님 모두를 죄주어야 합니다."

이런 논의는 괜히 나온 게 아니다.

"근래에 지방 사람들이 부모 장례 날에 인근의 사람들을 불러 모아 술 마시고 노래하며 조금도 애통해하는 마음이 없으니 풍속에 해가 됨이 심합니다", "요사이 어떤 상을 당한 사람이 밖에서 야제를 지냈는데, 남녀가 거의 수십에 이르렀고 창아배(娼兒輩) 또한 참여하여 노래하고 춤추었습니다"라는 일들이 있었기 때문이다. 창아배란 기생과 같은 존재들이었을 것이다. 이 얘기대로라면 이때 장례는 엄숙, 우울 모드와 거리가 멀다.

조선은 이것이 고려에서 온 비루한 풍속이라고 했다. 그러면 고려에서는 어떻게 장례를 치렀다는 말인가? 고려 왕실에도 유교적 상례가 있었다. 관직자에게 유교식 상복을 입게 하고 상례 기간을 지키게 했다. 그러나 실제 민간 풍속은 달랐다. 불교나 무당에 의존하는 경우가 훨씬 더 많았다. '조금도 애통해하는 마음이 없다'는 것은 죽음을 바라보는 시각이 무겁지 않았다는 것을 보여준다. 술 마시고 노래까지 했다는 데서 그 사실을 알 수 있다. 고려, 아니 조선 초까지도 왜 이런

상례의 모습(위)과 자리, 높이 베는 베개, 짚신으로 이루어진 상례 도구(아래)

분위기가 있었을까? 그것은 세계관이 달랐기 때문이다. 불교나 민간
신앙은 유교와 달리 죽음을 삶과 완전히 단절된 것으로 보지 않는다.
죽음은 그렇게 슬픈 것이 아니며, 그래서 죽은 사람을 심지어는 '즐겁
게 보낼' 수 있는 것이다.

조선은 물론 달랐다. 유교적 상례를 원했다. 그것에 따르면 죽음은
몹시 애통한 것이다. 너무 슬픔에 겨워 옷을 제대로 차려입을 수 없어

서 너덜너덜한 참최복(斬衰服)을 입고 3년을 애통해한다. 참최복은 부모와 남편의 죽음, 즉 세상에서 가장 가까운 존재들의 죽음을 당했을 때 입었다. 하늘이 무너지는 것 같고 그 이상의 슬픔이 있을 수 없기 때문이다. 그러나 할아버지나 작은아버지, 형제, 자매, 부인의 죽음은 그 슬픔이 덜하다. 물론 실제로는 자식에 대한 슬픔이 더할 수 있지만 유교에서는 그렇게 규정했다. 이렇게 죽은 사람과 관계가 멀수록 슬픔은 당연히 덜해지고 아울러 상복은 단정해졌다.

조선은 먹는 것에서도 슬픔을 표시했다. 조선의 왕들은 부왕의 죽음에 소선(素膳), 즉 고기를 먹을 수 없었다. 부모가 돌아가셨는데, 어떻게 편한 마음으로 고기를 먹을 수 있느냐는 것이다. 워낙 고기를 좋아하던 세종은 이 때문에 고생을 했다고 한다. 일반인들도 고기를 삼가고 겨우 죽만 먹는 정도였다. 또한 여묘살이를 하고 부부간에 합방도 금했다. 역시 슬프기 때문이다. 춤추고 노래한다는 것은 상상도 할 수 없는 일이다.

조선에서 상례란 명백히 흉례(凶禮)였다. 고려의 상례와 상충할 수밖에 없었다. 조선은 분위기를 바꾸기 위해 무진 노력을 했고, 사실상 그리 오래지 않아 소기의 목적을 달성했다. 유교의 내면화가 비교적 빠르게 이루어졌기 때문이다.

조선에서 당쟁이 가장 극심할 때 그 핵심이 되는 논쟁거리가 바로 이 상례였다. 어머니가 아들에 대한 상복을 3년 입을 것이냐, 1년 입을 것이냐를 두고 싸운 것이다. 그러니까 효종의 계모인 자의대비가 효종을 장자로 보고 3년복을 입어야 할지, 아니면 차자로 봐서 1년복을 입어야 할지를 두고 논쟁했다. 이때 어느 의견이 채택됐느냐에 따라 정권이 바뀔 정도였다. 조선은 상례에 있어서는 갈 데까지 가봤다고 할 수 있다. 고려 분위기를 바꾸는 정도가 아니라 그 상례 이론으로 세상을 좌지우지할 정도였다.

그럼, 조선에서 이전 장례 분위기가 완전히 사라져버렸을까? 공식 의례에서는 사라졌지만 사실은 이면으로 스며들었다. 빈소 밖의 명랑한 분위기가 바로 그것이다. 고려와 조선의 타협이 아닐 수 없다. 오늘날 상가의 이중성은 여기에 연원이 있어 보인다.

거듭 말하지만, 역사는 고려적인 것과 조선적인 것이 모두 섞여서 현재의 우리에게 영향을 미치고 있다. 엄숙함과 명랑함은 타협을 했고, 그것은 유전인자로 남아 우리와 함께 존재한다. '가정의례준칙'의 강제성이 사라져버린 지금, 장례 문화는 어떻게 변할까? 검은색 양복과 치마저고리는 앞으로도 계속 입게 될까? 새로 도입된 종교 의식은 또 어떻게 장례 문화에 영향을 미치고 있을까? 우리 속에 있는 유전인자들이 어떤 타협을 하고, 또 어떤 새로운 유형을 만들어나갈지 자못 궁금하다. ⊙

왕실 제사에 암행어사를
파견하다

1793년 8월 12일, 왕실 호위 담당 노상추는 왕의 부름을 받는다. 내금위의 춘계 내부 평가 시험을 치를 때였다. 묘시, 즉 아침 6~7시에 시험이 치러졌는데, 정조는 이미 춘당대에 나와 있었다. 그리고 시험이 한창 진행 중에 이갑회(李甲會)와 노상추를 부른 것이다. 이갑회는 신의왕후의 무덤인 풍덕의 제릉(齊陵)으로, 노상추는 여주의 두 영릉인 세종릉[英陵]과 효종릉[寧陵]으로 잠행(潛行)하라는 명이었다. 때는 바야흐로 추석을 3일 앞둔 시점이었는데, 왕릉에 가서 제수 용품은 제대로 갖춰졌는지, 진행은 엄숙한지, 잡인들의 출입은 없는지 등을 살피고 제사가 끝나면 제물을 싸서 가져오라고 했다.

명을 받았지만 노상추는 일단 자신도 선전관으로서 평가 시험을 마쳐야 했다. 정해진 대로 노상추는 시험을 다 끝냈다. 성적은 나쁘지 않았다. 시험을 모두 끝낸 오후 한두 시가 되자, 이갑회와 노상추는 합문에 나아가 표신(標信, 일종의 증명서)과 마패를 받았다. 그러고는 궐 밖으로 나가서 병조의 말을 얻어 타고는 미복 차림으로 길을 나섰다. 노상추는 취라치 한 명을 하인으로 대동했다.

동대문으로 나가 송파 나루를 건너 덕봉역에 도착해서 하루를 그곳에서 잘까 생각했다. 그러나 잠행을 나온 사람들이 한곳에서 자는 것이 어쩐지 사리에 맞지 않는다는 생각에, 혼자만 광주 산성으로 가려고 했다. 하지만 이미 날이 어두워져서 더는 움직일 수가 없었다. 그래서 다음 날 새벽닭이 울기도 전에 달빛을 타고 출발했다. 계속 말을 달려 광주 산성으로 갔으나 문이 아직 닫혀 있었다. 문밖에서 기다리는데, 비로소 달이 서쪽으로 넘어가고 얼마 안 있어 닭이 울었다. 파루(罷漏) 후 성문이 열리자, 성에 들어가 객주에서 잠시 쉬고 먼동이 틀 때부터 또다시 내달리기 시작했다.

30리를 가서 경안역에서 아침을 먹은 다음, 말을 갈아타고 다시 40리를 가서 이천 아리역에서 점심을 먹고 말을 갈아탔다. 날이 흐리고 비가 올 듯했으나 계속 말을 달려 여주에 도착했다. 세종릉에서 10리쯤 떨어진 곳이었다. 일단 그곳 어느 시골집에서 잠을 청했다.

다음 날은 새벽부터 비가 왔다. 낮에 역졸 한 명을 데리고 관복은 보따리에 싼 채 걸어서 능으로 향했다. 세종릉 문 앞에 도착하니 능졸이 문을 지키고 들여보내지 않았다. 노상추의 행색을 의심하는 눈치였다. 그래서 곧바로 다시 효종릉으로 갔다. 여기에서는 조금도 주저하지 않고 바로 작은 문을 지나 참봉소와 향대청을 거쳐, 제사를 준

비하는 전사청으로 갔다. 제사 관헌과 집사들이 모여 있었는데, 제물을 깨끗이 준비하여 아주 정결했다. 그리고 잡인이 출입한다거나 시끄러운 일들도 없었다. 해서 전사청을 나오는데, 그때 비로소 능관들이 하인을 시켜 누군데 여기에 들어왔느냐고 물어왔다. 100보 이상을 쫓아오며 자꾸 물었지만 그냥 동구 밖으로 나와버렸다.

이번에는 다시 세종릉으로 향했다. 들어가 하인들 거처를 지나 참봉소에 가보니 역시 잡인들이 시끄럽게 구는 일은 없었다. 그리고 물품이 정결한 것이 효종릉과 다름없었다. 모든 것을 면밀히 살피고 전사청을 나서는데, 역시 능관이 하인을 시켜 누군데 출입하느냐고 물어왔다. 지나가는 사람이라고 하고 나와서 조금 있다가 효종릉으로 다시 갔다.

이제 비로소 '암행어사 출도(出道)'를 하고 관복을 갖춰 입은 후 직접 제수 용품들을 살펴봤다. 우물(御井)을 살펴봤는데 자못 불결한 것이 있었다. 돌이 허물어진 것을 고치지 않고 또 덮개가 더러워진 것을 씻지 않았기에 능관 김순행을 불러 문책했다. 그러고는 다시 세종릉으로 가서 제품과 제물을 살피고 헌관 명단을 받았다. 그리고 제사를 지낸 후에는 두 영릉 모두 제물을 쌌는데, 박계(朴桂) 8개, 은행 1봉, 배 2개, 비자(榧子) 1봉, 생밤 1봉 등이었다.

이상 『노상추일기』에 나와 있는 노상추의 암행 일정이다. 두 왕릉에 대한 암행 장면이 아주 사실적이어서, 암행이 구체적으로 어떻게 이루어지는지 감이 온다. 그런데 정조는 왜 이런 밀명을, 그것도 하필 노상추에게 내렸을까? 노상추에게는 특별한 집안 내력이 있었다. 그의 할아버지 죽월공(竹月公) 때문이었다.

영조 초기 어느 날, 궁궐 문을 지키고 있던 죽월공은 선전관이 낸 표신의 글자에 문제가 있다며 받지 않았다. 그러고는 칼을 뽑아들고 그 선전관을 쫓아갔다. 선전관보다 하급 관리인 수문장으로서 이런 행위를 한 것은 아주 이례적인 일이었지만, 주어진 임무에 철저한 죽월공의 행동은 그 후 궁궐 안에서 하나의 전설이 되었다. 수십 년 후 정조가 노상추를 직접 불러 그가 죽월공의 손자라는 것을 확인하고 이 얘기를 먼저 꺼낼 정도였다.

그러니까 위의 밀명이 있기 7개월 전 정조는 노상추가 죽월공의 손자라는 사실을 알고 할아버지 얘기를 자세히 알고 싶으니 집안에 내려오는 문적(文籍)이 있으면 가져오라고 했다. 노상추는 집에 정리된 가승(家乘)이 있지만, 서울에 가져오지 않았으니 자신이 기억하는 대로 기록해서 드리겠다고 답했다. 그리고 바로 적어서 올리면서 노상추는 정조가 자신을 알아주는 것에 대해 깊이 감격한다. 이런 내력 때문에 정조는 노상추를 총애했다. 말하자면 정조에게 노상추는 믿을 만한 사람이었다. 그래서 밀명을 주었던 것이다.

그러나 그렇다고 해도 이 시기 정조가 왜 밀명을 내렸느냐 하는 것은 여전히 의문으로 남는다. 왕실의 능을 점검한다는 것은 과연 어떤 의미가 있는 것일까? 1793년 1월, 정조는 처음으로 화성을 언급한다. 그리고 그해 12월에는 본격적으로 축조를 의논했고 이듬해 2월에는 착공을 했다. 이 밀명은 정조가 온통 화성만을 생각하고 있던 시기에 내려진 것이다.

화성은 정조에게 의미가 컸다. 아버지의 무덤이 있는 화성을 자신의 힘의 근거지로 삼고자 하는 의도가 없지 않았다. 그러나 화성을 축조하는 일련의 과정은 정조에게 쉽지 않았을 것이다. 기득권층의 반대가 어찌 없었겠는가? 힘이 필요했을 것이다. 왕실 능을 새삼 챙긴 것은 왕실의 권위를 세우고 자신의 힘을 다시 한 번 확인해보는 과정이 아니었을까? 노상추가 받은 밀명을 통해 정조의 무언가를 하고자 하는 강렬한 의지와 또 조금은 외로웠을 그 내면을 읽을 수 있다. ⊙

조선 가족의
마이너리티

그 많은 홍길동은
다 어디로 갔을까?

◉

『경국대전』에는 "서얼 자손은 문과에 응시할 수 없다"는 조항이 있다. 그럼 문과를 보지 못하고 좌절한 그 많은 홍길동, 즉 서얼은 다 어디로 갔을까? 물론 무과는 볼 수 있었다. 그러나 조선 후기가 되면 무과를 통한 출세도 그리 만만치 않았다. 벼슬을 하고 싶은 양반은 많은데 관직은 한정되어 있어서 유수한 양반들이 점점 무과로 눈을 돌렸기 때문이다.

그럼, 홍길동들은 여기에 어떻게 대처했을까? 울분을 참지 못하여 서얼도 문과를 볼 수 있게 하라는 '서얼허통(庶孼許通)' 운동을 벌이거나 새로운 이상향인 '율도국' 건설에 주력했을까?

남이웅은 병자호란이 끝나고 소현세자가 심양으로 끌려갈 때 고위 관직자로서 심양으로 함께 갔다. 한양에 남아 있던 조씨 부인은 남편이 건강한지 또 언제나 돌아올지를 생각하며 하루도 걱정하지 않는 날이 없었다. 결국 첩의 아들인 천남이가 심양으로 아버지를 만나러 갔다. 천남이의 심양 길은 1637년 9월 10일에서 12월 26일까지 정확히 석 달 보름이 걸렸다. 이 긴 기간을 할애해서 움직인다는 것은 관직에 있는 사람으로는 불가능한 일이다. 천남이가 서자로서 집 안에 머물고 있었기에 가능한 일이었다.

물론 조씨 부인에게 적자가 없기도 했다. 아들을 넷이나 두었지만 모두 일찍 죽었다. 조씨 부인은 『병자일기』에서 "천남이가 심양으로 가려고 서울로 올라가니 더욱 섭섭하다. 이 정사(情事)가 어떠한가? 아들자식이 귀함을 이때에 더욱 알겠다"라고 하면서 고마운 마음을 절절히 표현한다. 그리고 천남이가 심양에 가 있는 동안 천남이 처를 데리고 생활하면서 또 "이 사람들이 아니면 어찌할까"라고 술회한다. 자신이 낳지는 않았지만 친아들 이상으로 든든해했다.

첩에 대해서는 거의 언급을 안 하던 권상일도 그 아들에 대해서는 자주 기록했다. 그도 그럴 것이 그 아들이 항상 옆에서 여러 가지 집 안일을 처리했기 때문에 기록하지 않을 수 없었을 것이다. 권상일이 울산 부사로 있을 때 그 아들은 집과 울산을 오가면서 권상일 곁을 지켰다. 노비를 데리고 인근 지역으로 벌목 일을 다니기도 하고, 권상일이 아플 때는 대신 제사를 지내기도 했다. 뿐만 아니라 병문안도 대신 다녔다. 그런데 권상일은 끝내 아들의 이름을 명확히 기록하지 않았다. 언제나 '서아'라고만 표현하여 다른 아들들과 명확히 구분했다. 이 점은 다음에 볼 노상추가 취한 태도와는 좀 다르다.

노상추와 첩 석벽 사이에는 승엽이라는 아들이 있었는데, 그야말로 많은 역할을 했다. 『노상추일기』에 보면 "서자 영엽을 데리고 딸네집에 갔다", "영엽이 겨우 열여섯 살인데 간병하느라고 주야로 곁에서지키며 귀찮아하는 기색이 없으니 부자간의 은혜를 볼 수 있다", "승엽이 종 두 명을 데리고 왔으니 보리타작을 하기 위한 것이다" 등이 적혀 있다. 여기서 영엽은 승엽의 옛 이름으로, 19세기 전후 조선에서는무슨 이유인지 개명이 유행했다.

승엽은 아버지를 가장 가까이에서 봉양하고 집안 관리를 했다. 노상추의 큰아들이자 적자인 익엽이 무과를 거쳐 흥덕 수령에 이르는동안 온전히 집안을 책임진 것이다. 승엽도 무과를 준비했지만 합격하지 못했다. 노상추는 승엽의 과거에 별반 기대를 보이지 않는데, 익엽을 바라볼 때와 많이 다르다. 아마도 이 시기 승엽은 마음속 갈등이없지 않았으리라. 그러나 적자와 서자는 다를 수밖에 없었다.

조선의 서얼 차별은 유난했다. 중국에도 없는 법을 400여 년간 유지했다. 중국은 아버지 신분이 확실하면 아들은 그대로 그 신분을 따랐다. 그러나 조선은 그럴 수 없었다. 아마도 여자 집안에서 그런 명확한구분을 원했을 것이다.

우리나라는 혼인의 결합에서 여자 집안의 권한이 비교적 컸다. 그결과 여자 집안은 자신 집안의 위치가 보장되기를 원했다. 고려 때까지는 여러 여자 집안이 엇비슷한 위치를 확보할 수 있었지만 조선에들어오면 달라진다. 이른바 종법이라고 하는 부계 질서가 잡히면서 오직 한 부인, 즉 적처만을 인정했다.

조선에서 적처 외의 부인들은 위치가 급격히 낮아질 수밖에 없었다. 이제 정식 부인이 된 사람은 다른 집안 아이가 자기 집안 아이와 동등한 권리를 갖게 할 수 없었다. 구분을 지어야 했다. 이처럼 서얼 구분은 누구보다도 여자 집안이 원했을 가능성이 높다. 서얼차대법은 조선 최고의 악법으로 일컬어진다. 실제 제대로 된 양반 행세를 할 수 없는 서얼들의 고통은 컸다.

그러나 승엽은 율도국으로 가지 않았다. '서얼허통' 운동에 적극 가담하지도 않았다. 아버지 수행, 병간호, 집 짓는 일, 농사 관리 등 집안 일을 했고, 그럴수록 노상추의 승엽에 대한 의존도도 점점 더 커져갔다. '서얼허통' 운동이 계속되고 있었지만 모든 서얼이 다 운동권이 된 것은 아니었다. 그저 현실을 살아내는 서얼이 더 많았다. 천남이, 권상일의 서아, 승엽이 그들이었다.

조선 후기에 가문은 하나의 기업과 같았다. 가문을 통해 모든 것이 이루어졌다. 조선이 망할 때쯤에는 국가는 없고 가문만 있을 정도였다. 가문의 이익이 우선하는 경우가 종종 있었다. 조선이 초기에 사회 운영의 책임을 일정 부분 가족에게 맡긴 것이 지나치게 커져버린 결과였다.

어쨌든 기업과도 같은 가문은 종손이라는 CEO 외에 실무진이 필요했다. 그 역할을 '홍길동'들이 했던 것이다. 이들은 꾸준히 집안일을 하면서 실질적인 권한을 키워갔다. 특히 경제력을 확보했다. 이는 '서얼허통' 운동과는 또 다르게 서얼의 신분과 지위를 높여주었다. 드러난 운동만이 세상을 바꾸는 것은 아니다. 묵묵히 주어진 일을 하면서 실질적인 변화를 이끌어낸 서얼의 삶은 결코 만만히 볼 것이 아니었다. ⊙

서자 노수, 족보에서
'서'자를 빼다

⊙

　1771년(영조 47) 7월 30일, 노상추는 서얼 숙부 노수(盧洙) 때문에 분통이 터졌다. 문중이 기어이 노수 말대로 족보에서 '서(庶)' 자를 빼주기로 했기 때문이다. 노수는 노상추 아버지의 서얼 사촌으로, 노상추에게는 오촌 서당숙이 되었다. 그럼, 노수가 과연 무슨 일을 했기에 족보에서 '서' 자를 뺄 수 있었을까?

　1742년 즈음, 노상추의 할아버지 죽월공은 사람을 찾고 있었다. 죽월공은 당시 잘나가는 관직자였는데, 집안을 위해 일종의 재단인 '계(稧)'를 만들고자 했다. 그래서 이 계를 관리할 적임자가 필요했는데, 이때 나선 사람이 노수였다. 노상추의 아버지는 사촌의 정리도 있고 해서 노수를 책임자로 추천했다. 죽월공은 270냥을 내놓으면서 "이 계가 잘되고 못되고는 모두 너에게 달렸다. 잘 관리하고 기다리고 있으면, 내가 벼슬 그만두고 돌아와서 보고 처리할 것이다"라고 했다.

십수 년이 지난 뒤, 죽월공은 노수에게 계의 돈이 얼마나 늘었는지 보자고 했다. 노수는 토지는 그대로 있지만 그 외 물건들은 돈으로 바꾼 후에 보고하겠다고 했다. 그런데 몇 달 후 노수는 집에 도둑이 들어 돈을 몽땅 털어갔다고 했다. 그러고는 자기 집 여종을 잡아 문초하기 시작했다. 여종은 "도둑이 들지 않았는데 무슨 물건을 잃어버립니까? 하늘이 제 무죄를 알 것입니다"라며 끝내 승복하지 않았다.

여종이 거의 죽을 지경에 이르자, 보다 못한 죽월공은 1,000냥이나 되는 돈을 탕감해주었다. 그러자 노수는 다음 날 400냥과 토지 문서를 내놓고는 계일을 그만두었다. 그리고 3년 후인 1755년 을해(乙亥) 대흉년 때부터 노수는 감춰뒀던 토지와 노비 등을 슬슬 팔기 시작했다. 그러고는 거부가 됐다.

이 내용은 노상추의 일기에 나오는 노수의 '부자 되기' 스토리이다. 노상추는 노수가 정당하지 않은 방법으로 부자가 되었다고 적고 있다. 여기서 우리가 노수의 부도덕성을 증명할 필요는 없다. 중요한 것은 노수가 문중 일을 봤고 거부가 됐다는 사실 자체에 있다. 설사 노상추의 말대로 노수가 문중 재산을 빼돌렸다고 해도 빼돌릴 만큼 재산을 키운 것은 분명 노수였다.

사실 노수는 처음부터 의도를 가지고 시작한 것으로 보인다. 문중 일을 보겠다고 나선 것 자체가 자신의 처지를 바꾸려는 의도에서 나온 것은 아니었을까? 그가 부자가 되고 난 후 종가의 노비라면 하나도 빠짐없이 사들인 것을 봐도 그렇다. 문중 노비를 사들인다는 것은 문중에서 자신의 위치를 견고히 하려는 거라고 할 수 있다. 이렇듯 노수의 행보는 심상치 않았다.

그러던 1766년 11월 2일, 집안 제사가 있는 자리에서 노수는 처음으로 족보에서 '서' 자를 빼달라고 요구한다. 노상추는 종중(宗中)을 모욕하는 처사라며 말도 안 된다고 했다. 그러나 노수는 포기하지 않고 틈만 나면 다시 요구를 한다.

그리고 마침내 1771년 족보에서 '서' 자를 빼는 데 성공한다. 종중은 노수의 요청을 무시할 수 없어 종회를 소집했고, 노상추 동네 사람들도 몇몇 종회에 참석했다. 하지만 노상추는 가지 않는다. 특별히 바쁜 일이 있어 보이지는 않는데 참석하지 않았다. 당일 저녁, 회의에 갔던 사람들이 돌아와서 '서' 자를 빼기로 결정했으며 곧 새 족보를 발행하게 될 거라고 하자, 노상추는 분개한다.

"이런 일은 한두 사람이 결정할 일이 아닌데, 끝내 이렇게 돼버리고 말았구나. 아, 우리 집안이 망하는 것은 하루를 기다릴 것도 없겠다. 일개 서얼의 말을 이렇게 좇아가다니 오호 통재라, 오호 통재라."

이렇게 탄식을 할 거면서 노상추는 왜 회의에 참석하지 않았을까? 물론 껄끄러워서일 것이다. 그러나 더 큰 이유는 이미 사세가 노수에게 유리하게 돌아가고 있다는 사실을 감지했기 때문이라고 봐야 한다. 종가의 노비가 나오면 바로 사들일 정도로 노수의 재력은 이미 막강했다. 그것은 종중에 상당한 영향력을 행사하고 있다는 의미였다. 노상추가 아무리 주장해도 대세를 바꿀 수는 없었다.

그럼, 이후 노상추와 노수의 관계는 어땠을까? 노상추 집안은 정말

망했을까? 또 노상추는 노수를 전혀 안 보고 살았을까? 아니다. 노상추 집안은 더욱 번성했다. 그리고 노상추의 울분은 그렇게 오래가지 않았다. 족보 사건이 있은 지 7년 후쯤 노상추는 노수의 생일잔치에 갔고 그 집에 머물기도 했다. 그리고 다시 2년 후 노수의 병이 위중하다는 말을 듣자, 깊은 연민을 표현했다. 결국 8개월 만에 노수가 죽자, 노상추는 '애련(哀憐)의 정'을 느낀다며 안타까워했다.

노수는 죽기 전에 기억할 만한 일을 또 했다. 그것은 평균 분급이다. 즉, 자식들에게 재산을 똑같이 나누어준 것이다. 이 시기 조선은 장자에게 대부분의 재산을 물려주었다. 그런데 노수는 장자에게 제사 몫으로 1/5을 더 준 것을 빼고는 모든 자식에게 평균 분급을 했다. 적서의 구분을 없애려던 그의 노력이 여타의 생활에서도 구분을 없애려는 태도로 나타난 게 아닌가 생각된다. 이처럼 노수는 여러 면에서 기존과 다른 방식을 선택했다.

처음에 서얼을 받아들일 수 없다며 분개하던 노상추도 차츰 변화에 익숙해졌다. 조선은 이미 그 사고와 시스템에서 변화를 보이고 있었고, 노상추도 대세를 따를 수밖에 없었던 것이다. 물론 그 변화의 중심에는 노수가 있었다. 노수는 경제력을 키우고 그것을 통해 새로운 상황을 만들어냈다. 노수가 족보에서 '서' 자를 제거하고 문중에서 위치를 확보해가는 과정은 조선 후기 서얼들의 신분 상승 과정을 사실적이면서도 상징적으로 보여준다. 그것은 조선 사회 내의 조용한 혁명이었다. ⊚

과부는 재가할 수 없다

⊙

　1415년(태종 15) 11월 어느 날, 김씨 부인은 새신랑 맞을 준비를 하고
있었다. 부인으로서 새신랑을 맞는다니 무슨 말인가? 김씨 부인은 죽
은 중추원부사 조화(趙禾)의 부인이었는데, 이제 다시 새 남편을 맞이
하려고 하는 것이다. 즉, 재혼이다.

　그러나 이날 저녁 신랑 영돈령부사 이지(李枝)가 김씨 부인 집에 도
착해서 집 안으로 들어가는 일은 결코 쉽지 않았다. 김씨 부인의 아
들 때문이었다. 아들은 새신랑을 팔로 잡아 막고, 또 땅에 엎드려 울
면서 이 일을 그만두라고 호소했다. 어떻게든 재혼을 하고 싶었던 김
씨 부인은 아들에게 혼인 사실을 알리지조차 않았던 것이다. 그러니
뒤늦게 이 사실을 안 아들이 온몸으로 막으려 한 것도 무리는 아니었
다. 그러나 끝내 아들은 혼인을 막을 수 없었다. 첫날밤을 지내고 나

와서 김씨 부인은 사람들에게 이렇게 말했다.

"나는 이 대감이 늙었을 줄 알았는데, 이제 보니 정말 늙지 않았다."

당시 김씨 부인의 나이는 쉰일곱 살이었다.

김씨 부인은 이 일이 있기 전부터 조선의 사교계에서 꽤 유명했다. 우선 워낙 미모가 뛰어났다. 실록에 '아름답다'고 표현돼 있는데, 실록에서 이렇게 말할 정도면 실제 상당한 미인이었다는 얘기다. 이런 미모 때문인지 김씨 부인은 궁궐에 자주 드나들었고, 결국은 궁중 스캔들에 연루되었다. 밖으로 내보내면 안 되는 궁중 비사(祕事)를 다른 집 부인에게 전한 것이다. 전한 내용이 뭔지는 정확히 알 수 없지만, 태종이 사람을 시켜 "누구한테 들었는가?"라고 추궁한 것을 보면 사태는 심상치 않아 보인다.

김씨 부인은 사위를 대신 대궐에 들여보내 설명하게 했고, 사위는 서너 번이나 드나들며 심문을 받았다. 그러나 사위는 어디까지나 사위일 뿐, 김씨 부인을 대신해서 벌까지 받을 수는 없었다. 결국 사위는 풀려났고 김씨 부인은 충주로 귀양을 갔다. 그런데 이때의 귀양이 별 게 아니었는지, 몇 년 후 김씨 부인 때문에 피해를 본 사건 관계자들이 불만을 토로했다. 김씨 부인이 귀양에 그친 것은 실세들과 연결되어 있기 때문이라는 것이다. 그러니까 김씨 부인은 조선 초기 왕실과 관련하여 골칫거리 인물이었고 조선 조정은 이 부인을 예의 주시하지 않을 수 없었다.

그런 김씨 부인이 이지와 재혼한다고 하니, 부인의 아들뿐 아니라 사실은 조정도 그냥 두고만 볼 수는 없었다. 사헌부가 나서서 이지를 탄핵했다. 탄핵 사유는 다소 궁색했다. 음란한 부인과 재혼한다는 것이었다. 사실 사헌부는 이지보다는 김씨 부인의 행실이 더 못마땅했다. 실제 목표는 김씨 부인이었다. 그러나 한 번 귀양까지 갔다 온 김씨 부인을 또 탄핵하는 게 여의치 않자, 이지의 재혼을 걸고넘어진 것이다. 김씨 부인이 이지를 만난 것도 왕실과 관련 있어 보인다. 이지는 종친으로 영돈령부사를 맡고 있었기 때문이다.

그러나 이들의 재혼에 대한 태종의 태도는 재미있다. "아내 없는 남자와 남편 없는 여자가 서로 혼인하려는 것을 왜 꼭 문책해야 하느냐?"는 것이었다. 홀아비, 과부가 서로 좋아서 살겠다는 데 무슨 상관이냐는 것이다. 더구나 태종은 이지가 재혼한다는 사실을 이미 알고 있었다고 말한다. 결론적으로 김씨 부인의 스캔들은 스캔들이고, 재혼 자체는 문제가 되지 않는다는 것이다. 태종이 재혼에 대해 그다지 거부감이 없었다는 사실을 알 수 있다.

그런데 왜 조선의 『경국대전』에는 재가 금지 조항이 올라가게 된 것일까? "재가했거나 실행한 부녀자들의 아들과 손자, 서얼의 자손들은 문과를 볼 수 없다"는 과거 시험 자격 규정 말이다. 얼핏 이것이 과연 재가 금지 조항인가 하고 생각할 수도 있다. 당사자에게 벌을 주는 게 아니라 그 아들이 과거를 볼 수 없게 하기 때문이다.

그러나 이것은 가장 확실한 재가 금지법이었다. 모든 것이 과거로 통하던 조선에서 과거를 볼 수 없다는 것은 너무나도 치명적이었다. 아들이 과거를 못 본다는데 여자들이 과연 재가할 수 있겠는가? 이는 양반 남자들이 재혼할 때 처녀장가를 드는 것과 같은 이치였다. 과부와 재혼해서 아들을 낳은들 그 아이는 과거를 못 보지 않겠는가? 김종직이 쉰다섯에 열여덟 살의 문씨와 재혼한 것이 바로 이런 이유에서였다.

1477년(성종 8) 7월, 조정은 과부 재가 문제를 놓고 설왕설래하고 있었다. 『경국대전』이 완간되기 8년 전이었다.

"양반 여자로서 일찍 과부가 된 데다 부모마저 돌아가셔서 살아갈 방도가 막연하고 돌아갈 곳조차 없어 부득이 재가한 사람이나 또는 부모의 명령으로 수절할 수 없게 된 사람은 어쩔 수 없습니다."

"지금부터 재가하려는 자를 모두 금단하고, 만일 금령을 무릅쓰고 재가한 자가 있으면 실행한 것으로 치죄하며, 그 자손이 벼슬길에 나아가는 것을 허락하지 말아서 절의(節義)를 가다듬게 하소서."

이 두 종류의 의견 가운데 압도적으로 많은 것은 전자였다. 부득이 한 재혼은 봐주자는 것이다. 그러나 결론은 재혼을 금지하는 쪽으로 났고 그것이 『경국대전』에 올랐다. 어우동 사건에서처럼 소수파가 승리한 것이다. 조선이 아직 '도덕적이지 않은 사회'라고 생각했기에, 하루빨리 '도덕적인 사회'로 가려면 무리를 할 수밖에 없었다.

이 과부 재가 금지법은 수절 권장의 원조 국가라고 할 수 있는 중국에도 없는 법이었다. 조선은 태종의 생각에서 멀리 떠나와 원조보다 더한 원조가 되어갔다. 그리고 이는 훗날 대단한 '열녀 강국'의 뿌리가 되었다. ⊙

양반과 기생,
때려야 뗄 수 없는 관계

황진이와 성춘향은 한국 영화사의 대표 아이콘이라고 해도 틀린 말이 아니다. 이들만큼 리메이크가 많이 된 영화가 또 있을까? 그런데 여기에서 한 가지 짚고 넘어가고 싶은 것은 황진이와 춘향이가 기생이 아니었더라도 그렇게 지속적으로 관심의 대상이 되었을까 하는 점이다. 기생은 예나 지금이나 아련한 환상으로 작용하는 것 같다. '공인된 성적 존재'라니 그럴 만도 하지 않은가?

그러나 조선 시대 기생의 본래 의미는 그게 아니었다. 조선 기생은 대부분 관기였고, 그들은 기능인이었다. 기생은 기녀(技女), 즉 연회를 위해 필요한 존재였다. 춤과 노래에 전문성이 있었다. 그래서 그 기능에 대해 정기적으로 테스트를 받아야 했다. 시험 성적이 계속 나쁘면 서울 기생이라도 함경도 같은 변방으로 쫓겨났다. 기생 역할은 쉽지 않았다.

신은 외람되게 성은을 입어서 관대를 갖추고 사대부와 더불어 조정의 반열에 끼었는데, 신의 어미인 승천금(勝千金)은 오히려 기생 역을 면하지 못하고 있습니다. 왕실 연회는 그만두더라도 손님 접대나 사가(私家)의 헌수(獻壽)에 분주하지 아니함이 없고 조금만 늦으면 해당 관리가 묶어놓고 매질하니, 신이 아무리 울면서 구제하기를 구하더라도 누가 즐겨서 신의 어미라고 너그럽게 풀어주겠습니까? 대저 서울의 기녀는 나이가 쉰이 차면 역을 면하는데 신의 어미는 금년 마흔셋이니, 남은 해가 또한 멀지 아니합니다. 엎드려 원하건대 전하께서는 신의 어버이를 위하는 심정을 어여삐 여기시고 특별히 역을 면하게 하여 주소서. 지극한 소원을 이기지 못하겠습니다.

— 『성종실록(成宗實錄)』(성종 21년 1월 24일)

1490년(성종 21) 종친인 가야령(伽倻令) 천종(千終)이 올린 글이다. 자신은 왕실의 일원으로 살아가고 있으나, 낳아준 기생 어미는 마흔세 살에 여전히 기역(妓役)을 지고 있으니 민망하다며 어미의 역을 면해줄 것을 호소한 것이다.

이 사연을 보면 당시 기생의 정년은 쉰 살이라는 것을 알 수 있다. 조선 시대에는 전반적으로 역할 나이가 지금보다 어렸다. 쉰 살이면 할머니였다. 성적 매력과 거리가 한참 멀다. 그런데도 나이 든 기생을 놓아주지 않은 것은 그들에게 연회를 이끄는 노련한 능력이 있었기

조선의 가족,
천 개의 표정

기녀와 선비 조선의 양반 사대부들은 성적 또는 감성적인 충족의 대상으로서 기생에게 연연해했다.

때문이리라. 조선 기생이 기능인이라는 사실을 다시 한 번 입증한다.

그러나 역시 조선 남자들은 기생의 성적 매력에 목을 맸다. 국가가 기생을 둔 본래 의도와 달리 우선 성적 대상으로 기생을 바라봤다. 조선은 500년 동안 기생을 놓고 고위층 남자들과 끊임없이 어정쩡한 협상을 할 수밖에 없었다. 고위 관직자나 종친 중에는 연회에서 만난 관기를 막무가내로 자신의 집에 잡아두거나 첩으로 삼는 경우가 많았다. 국가는 기생을 돌려보내라고 요구했다. 일부 관직자는 데려간 기생을 점고(點考, 명부에 일일이 점을 찍어가며 사람의 수를 조사하는 것을 말한다) 때만 살짝 관에 돌려보냈다가 다시 데려오기도 했다.

국가는 이들을 처벌하지 못했다. 그렇다고 관기의 공공성을 포기할 수도 없었다. 양반들과 밀고 당기기는 계속됐다. 그리하여 조선왕조실록에는 고위 관직자들이 관기들과 사사로이 관계를 맺는 것을 비난하는 글이 끊이지 않았다.

> 김칭(金偁)은 조정 관리가 된 지 오래되어 자못 사리를 알면서 기녀 홍행
> (紅杏)과 간통하다가 죄를 받아 유배되었는데도, 오히려 마음을 고치지
> 못하고 수개월도 채 안 되어 나라의 법을 두려워하지 아니하고 홍행을
> 유배지까지 불러 이르게 하였으니, 그를 잡아와서 가두고 추국하라.
> 그리고 홍행도 정해진 역이 있는 기녀로서 몰래 김칭의 유배지까지 갔
> 으니, 같이 추국하여 아뢰라.
>
> ─『성종실록』(성종 13년 3월 26일)

1482년의 실록 기사로, 부평 부사를 지낸 김칭이 기생 문제로 다시 추국을 받게 된 내용이다. 김칭이 유배를 간 이유는 사실 종친과 홍행을 두고 다투었기 때문이다. 그런데도 반성하지 않고 홍행을 다시 유배지까지 불러들여 추국을 받기에 이른 것이다. 실록에서 흔히 볼 수 있는 기사이다.

조선에서 양반 남자들과 기생은 분명 떼려야 뗄 수 없는 관계였지만, 그렇다고 사귀는 것이 공공연하게 권장되는 것은 절대 아니었다. 다만 변방에 가족 없이 파견되는 관직자는 예외였다. 이들에게는 한시적으로 기생과 사는 게 공인되었다. 이른바 수청기(守廳妓)이다. 수청은 하룻밤 동침을 의미하기도 하지만 지속적인 성관계를 포함한 현지처 역할을 뜻하기도 했다.

노상추는 무과 급제 직후인 1787년 갑산의 진장으로 파견되었다. 그는 도착하자마자 수발을 들어줄 수청기를 찾았다. '변방 관직자의 수발은 국가의 책임'이라고 생각했기 때문이다. 부임 두 달 만에 갑산부 소속 기생 석벽을 알게 되었다. 당시 노상추는 나이가 마흔이 넘었고 석벽은 겨우 열여섯 살이었다. 노상추는 "석벽이 장차 사람 꼴이 될 듯하고 또 버릴 수 없는 어떤 점이 있다"며 관심을 보였다.

그러나 갑산부에서는 이런저런 평계를 댔다. 노상추는 "내가 하급 무관에 불과하기 때문에 부에서 들어주지 않는 것"이라며 분통을 터뜨렸다. 그러면서 속으로는 '끝내 내 청을 안 들어주나 보자'고 별렀다. 변방에 파견된 관직자는 당연히 수발을 받아야 한다는 확신이 있었기 때문이다. 결국 노상추는 석벽을 수청기로 삼았다.

그런데 이때 석벽이 수청기가 됐다고 해서 이후 노상추 수청만 드는 것은 아니다. 석벽은 수시로 갑산부 행사에 참여하며 관기로서 기본 역할을 계속 수행했다. 수청기는 관기의 역할 중 하나일 뿐, 관기 노릇을 그만둔 것은 아니기 때문이다. 물론 다른 성관계는 피하는 것으로 보인다. 그러다가 관직자와 수청기 사이에 아이가 생기면 변화가 온다. 관기에서 관직자의 첩으로 전환이 이루어질 수 있는 계기가 되는 것이다.

노상추는 석벽을 수청기로 삼은 지 1년 8개월 만에 딸을 얻었다. 딸이 생기면서 문제는 간단치 않아졌다. 파견 관직자와 수청기의 관계는 비록 공인된 것이지만 한시적일 뿐이었다. 돌아갈 때는 혼자 돌아가는 게 원칙이었다. 노상추는 '법대로' 기생 석벽을 두고 갈 것인가, 또 딸아이는 어떻게 해야 할 것인가 등으로 고민이 이만저만이 아니었을 것이다. ⊚

기생 석벽,
양반의 첩이 되다

◉

노상추는 과연 수청기 석벽과 그 딸을 데려가는 데 성공했을까? 1790년(정조 14) 3월, 부임지 갑산을 떠날 때 노상추는 그들을 대동했다. 노상추는 어떻게 관기를 내놓지 않으려는 관과 타협할 수 있었을까? 안타깝게도 『노상추일기』에는 자세한 내용이 나와 있지 않다. 그러나 그 과정이 결코 쉽지 않았으리라는 것을 그의 친구 이익해와 수청기 희숙의 사연을 통해 알 수 있다.

이익해가 희숙을 데려가려 한 것은 소생으로 남매가 있었기 때문이다. 첫째는 딸이고 둘째는 아들이다. 그가 본래 종실이라 대대로 면천을 할 수 있어서 자식들을 데려가도 관에서 막을 수 없었다. 그러나 아이들이 아직 어려 어미가 없으면 데려갈 수 없어서 본진(本鎭)에 요청했다. 그런데 본진에서 허락하지 않아 희숙이 가지 못하게 되니 자식들도 못 가게 되었다. 참으로 민망한 일이다.

— 『노상추일기』(1788년 8월 2일)

이익해는 노상추보다 먼저 산수 갑산에 파견 나와 있었다. 그리고 희숙은 석벽의 친언니였다. 이래저래 노상추와 관계가 돈독할 수밖에 없었다. 그런데 수청기 희숙과 두 남매를 데리고 돌아가려다가 끝내 좌절하고 말았다. 노상추는 당연히 이 일이 남의 일 같지 않았다. 결국 이익해는 며칠 후 희숙과 젖먹이는 두고 딸만 데리고 서울로 떠났다. 이익해는 종실로서 면천의 특권이 있었는데도, 수청기를 관에서 빼내는 게 이렇게 어려웠다.

노상추는 아마 석벽을 데려오느라 상당한 대가를 치렀을 것이다. 특별한 청탁을 했거나 아니면 석벽 또래의 노비를 대신 관에 납부해야 했으리라. 이 모든 과정은 꽤 복잡하고 만만치 않은 일이었다. 그래서 양반 남자들이 모두 노상추나 이익해처럼 하지는 않았다. 애초에 수청기가 낳은 자식을 인정하지 않는 경우도 있고, 인정은 해도 부임지를 떠날 때 나 몰라라 하는 경우도 많았다. 누구나 노상추처럼 수청기와 그 자식에 대해 책임 의식이 강했던 것은 아니다.

노상추의 할아버지 경우는 수청기와 자식을 그대로 임지에 두고 떠났다. 1793년 12월 노상추가 삭주 부사로 발령받아 가는 중 평안도 박천에 들렀을 때의 일이다. 그곳에서 노상추는 천고(賤姑)를 만난다. '천고'란 신분이 천한 고모라는 말이다. 그러니까 이 고모는 노상추의 할아버지가 박천에서 근무할 때 수청기와 사이에서 태어난 딸이었다. 노상추는 "평생 초면인데, 손을 잡으니 감계가 무량하고 정이 가슴에 절절하다"고 할 정도로 천고를 가깝게 느꼈다.

그런데 더욱 놀라운 것은 이 천고뿐만 아니라 천고의 생모도 살아 있다는 사실이었다. 즉, 할아버지의 수청기가 아직 살아 있었다. 이름은 춘대선(春臺仙)이고, 나이가 여든두 살인데 지난 59년간의 일을 모두 설명할 정도로 총기가 좋았다. 그녀는 노상추 할아버지가 떠난 후 계속 기생 생활을 했고, 그래서 그 딸인 천고 역시 기생이 된 것이다. 노상추가 천고를 만났을 때, 천고는 탁 선달이라는 사람의 첩이 되어 있었지만 본래는 기생이었다. 그리고 천고가 낳은 딸 역시 기생으로 이름이 계월이었다. 그러니까 춘대선은 천고를 낳고, 천고는 계월을 낳은 것이다. 즉, 기생은 기생을 낳고 그 기생은 또 기생을 낳았다.

석벽의 경우도 마찬가지였다. 석벽이 수청기로 있으면서 갑산부에 자주 간 것은 일 때문도 있지만, 그곳에 어머니가 있어서였다. 석벽의 어머니는 당시 퇴기로 보이는데, 여전히 갑산부에 속해 있었다. 석벽이 수청기가 된 후에는 석벽 돌보는 일을 주로 했다. 그리고 석벽의 언니 희숙도 기생이었다. 이렇게 보면 조선에서 기생은 확실히 어머니 신분을 따랐다. 노상추처럼 관기를 첩으로 삼아 데리고 가면 기역, 즉 기생의 역에서 벗어날 수 있지만 그렇지 않은 경우에는 기생의 딸들은 대개 기생이 되었다.

노상추는 뒤늦은 감이 있지만, 천고와 계월을 면천시키고 싶었다. 평안 감사는 이런 일은 자기가 잘하지 않는데 노상추가 부탁하니 특별히 들어준다며 생색을 냈다. 노상추는 왜 천고를 면천시키고 싶어 했을까? 기생은 역시 벗어나고 싶은 신분이었을까?

물론 춘대선과 석벽의 인생은 달랐다. 춘대선은 평생 기생 노릇을 해야 했고 그 자식들은 천인 신분으로 살았다. 반면에 석벽은 노상추의 첩이 됐고 그 자식들은 서얼이긴 해도 천인은 아니었다. 그리고 노상추가 지방관으로 파견될 때마다 따라가서 같이 생활했다. 일정한 위치가 확보된 것이다. 사실 노상추가 세 번째 부인을 잃고 다시 정식 혼인을 하지 않은 것도 석벽이 있었기 때문에 가능했다. 한마디로 석벽은 꽤 안정적인 생활을 할 수 있었다. 춘대선의 삶과는 많이 달랐다.

그렇다면 기생들은 춘대선과 같은 삶을 원했을까, 아니면 석벽처럼 첩이 되는 것을 좋아했을까? 아마도 안정적인 쪽을 더 선호하지 않았을까? ◉

기생 '머리 올려주기'의
진실

⊙

조선 시대 기생의 첫 수청에 대한 대가는 얼마였을까? 그러니까 기생의 성인식에 얼마의 비용이 들었느냐는 것이다. 어린 기생이 처음으로 남자와 잠자리를 같이하는 의식을 사료에서는 대발(戴髮)이라고 했다. 글자 그대로 '머리를 올리는 것'이다. 근래까지도 기생 머리 올려주는 값이니, 기생 머리 값이니 하는 말이 회자되었던 이유가 여기에 있다. 속칭 골프에서 처음 필드에 나가는 것을 '머리 올린다'고 하는 것도 이와 연관이 있어 보인다. 어쨌든 처음이라는 뜻이라고 할 수 있다.

기생에게는 일반적인 혼인 관계가 성립하지 않으므로 이 '머리 올려주기'는 의미가 간단치 않았다. 일종의 혼인식인 셈이다. 그래서 기생의 '머리 올려주기'를 맡는 것은 얼마간 책임이 따르는 일이었다. 물론 돈도 상당히 들었다.

1794년(정조 18) 9월 3일 밤, 평안도 영변에서는 음주가무가 베풀어졌다. 다음 날 있을 무과 시험 관계자들을 위한 연회였다. 이때 당시 삭주 부사였던 노상추는 부시험관으로 차출돼 영변에 와 있었다.

먼저 기생 월계(月桂)와 홍옥(洪玉)이 춤을 추기 시작했다. 월계는 열여덟, 홍옥은 열여섯으로 검무를 추었다. 노상추는 검무에 마음이 흔들렸다. 그의 표현을 그대로 빌리자면, 참으로 '묘(妙)한 춤'이라는 것이다. 아마도 섹시하다는 뜻이리라. 홍옥의 검무는 노상추뿐만 아니라 모든 사람의 마음을 사로잡았다. 더구나 홍옥은 아직 머리도 올리지 않은 어린 기생이었다.

여러 수령 중에 평안도 위원의 영공(令公, 정3품과 종2품의 벼슬아치를 이르던 말로 영감이라고도 한다)이 제안을 했다.

"홍옥은 춤도 잘 추고 아이가 아주 사랑스럽소. 이 애가 훌륭한 관직자를 만나 머리를 올리고 어른이 된다면 이 아니 좋은 일이겠습니까? 예로부터 명기가 관장(官長)을 만나 성인이 되는 것은 호사(好事)라고 하지 않았습니까?"

위원 영공의 뜻은 오늘 밤 이 자리에서 홍옥의 머리를 올려주자는 것이었다. 그러면서 "좌우를 둘러보건대, 노 영공이 연배가 가장 젊으니 이 일을 맡아주면 어떻겠소?"라고 했다. 노상추는 속으로는 어떨지 몰라도 "예, 아름다운 일이지요. 이 일을 마다한다면 그건 졸장부가 아니겠습니까?"라며 쾌히 승낙했다.

위원 영공은 그 자리에서 2,000동(銅)짜리 수표를 썼다. 이어서 영

「평안 관찰사 연회도」

변 수령이 2,000동, 희천 수령이 1,000동, 노상추가 2,000동 해서 모두 7,000동을 모았다. 잠시 후 홍옥의 어미 차설매를 불러서 머리 올릴 준비를 하게 했다. 차설매는 서른다섯 살이라고 했다. 밤 삼경 술자리가 파한 후, 차설매가 홍옥을 데리고 노상추 방으로 왔다. 술을 몇 잔 마시고 차설매가 나간 다음, 홍옥이 수청을 들었다.

7,000동은 과연 어느 정도나 되는 돈일까? 동이 어떤 화폐 단위인지 아직은 정확하지 않지만, 경제사를 연구하는 쪽에 자문한 결과 약 70냥(兩)으로 추산되었다. 18세기 한양에서 번듯한 기와집을 한 채 사려면, 대략 100냥이었다고 하니 '집 한 채 값' 정도라고 할 수 있다. '기생 첩 들이느라 집 몇 채 날렸다'는 말이 빈말이 아니었다. 드라마의 한 장면 같은 위의 연회에서 여실히 증명되고 있지 않은가?

그럼, 어린 기생의 첫날밤을 책임진 노상추의 심정은 과연 어땠을까? 마냥 좋기만 했을까?

"이것이 대장부 풍도(風度)라고 하지만, 반드시 꼭 그렇게 해야 하는지 잘 모르겠다. 쓴웃음이 나왔다."

『노상추일기』에 적힌 노상추의 내심이다.

조선의 양반 남자들은 때로 서로에게 강박을 주었던 것 같다. 세속에서 풍류라고 규정하면 자신의 뜻과 달라도 풍류가 되었고, 행세하고자 하는 양반이라면 따를 수밖에 없었다. 남에게 보이는 것에 목숨 거는 시절이었기 때문이다. 일기에 적힌 노상추의 속내에서 이런 강박에 대한 소리 없는 저항이 느껴진다.

그래도 머리 올려준 일은 특별했는지 며칠 후 홍옥과 헤어지는 장면은 자못 애틋하다. 머리 올려주는 데 참여한 여러 수령에게 두루 인사를 하고 떠나려는데, 차설매와 홍옥이 말고삐를 잡고 서서 다른 수령들과 달리 특별히 인사를 했다. 노상추는 속으로 잠시 사모하는 마음을 이어가고 싶은 생각이 드는 것을 부정할 수 없었다. 그리고 대장부가 색에 뜻이 없다는 것은 다 헛말이라는 생각까지 한다. 그러나 노상추는 그대로 부임지 삭주로 돌아온다.

그렇다면 그 후 홍옥은 어떻게 됐을까? 노상추와 다시 만났다는 기록은 없다. 그래서 그 생활을 정확히 알 수는 없지만, 아마도 각종 연회에서 검무를 추고 때로는 관직자들에게 시침(侍寢)을 들면서 기생의 역할을 해나갔을 것이다. 또 어쩌면 노상추의 첩이 된 석벽처럼, 어떤 양반 관직자의 첩이 됐을 수도 있다. ⊙

조선의 여성들, 불교의 명맥을 잇다

⊙

조선에서 불교가 비주류로 밀려나는 과정은 험악했다. 그중에서도 특히 풍속을 통한 제재는 강력했다.

> 오성정(梧城正) 치의 처 정씨는 판사 정지담(鄭之澹)의 딸이다. 치가 일찍이 죽고 혼자 살았는데 죽은 남편의 천망을 가락하여 크게 불사를 베푸니 중들이 때 없이 드나들었다. 중 설준(雪峻), 심명(心明), 해초(海超)와 번갈아 사통했다. 드디어 임신하여 일이 누설될까 두려워하여 잠시 고향에 돌아가 아이를 낳았다.
>
> —『세조실록(世祖實錄)』(세조 14년 1월 7일)

1468년의 실록 기사이다. 오성정은 경녕군의 아들이니 정씨는 종실

의 부인이다. 그런데 이 부인이 남편이 일찍 죽자, 남편의 천도를 한다
며 승려들과 자주 접촉하여 임신까지 하고 아이를 낳았다는 소문이
돈 것이다. 특히 정씨는 설준을 사랑하여 후에 노비를 30구나 주었다
고 한다. 사람들은 시를 지어 정씨와 승려들의 스캔들을 비꼬았다.

오성정 부인 정씨는

까까중과 사통하여 새끼 중을 낳았다네

장안의 화류객들에게 말하노니

어찌 왕래하여 인연을 맺지 않는가?

— 『세조실록』(세조 14년 1월 7일)

또 1428년(세종 10) 1월 사헌부는 죽은 오진의 아내 차씨와 명담이라
는 승려의 관계가 의심스럽다며 왕에게 추국을 청했다. 명담이 차씨 부
인 집에 출입하다가 사헌부 관리에게 잡혔는데, 도첩 상자 안에서 여자
의 머리 장식 등이 나왔으므로 그 관계가 의심스럽다는 것이다. 과부
와 승려의 스캔들은 조선 초기 실록 기사에 심심치 않게 등장한다.

풍속 교화라는 이유로 불교를 배척하려 한 조선의 의도가 엿보인
다. 이는 결국 『경국대전』 부녀상사(婦女上寺) 금지 조항으로 올라간다.
즉, '유생(儒生) 또는 부녀자들이 절에 가면 곤장 100대'라는 것이다. 유
생이 함께 언급됐지만, 실제로 이들은 논외고 주 대상은 여자들이었
다. 남자들은 빠르게 유교로 옮겨간 반면, 여자들은 더뎠기 때문이다.

그런데 여자들은 왜 계속 불교에 머물고자 했을까? 유교가 종교로

서 그다지 매력이 없었을까? 하긴 유교는 내세가 없고 또 복을 비는 일과도 어울리지 않는다. 대신 정치성이 강하다. 유교는 각종 정치 원리를 포함하고 있기 때문에 유학을 공부하는 것은 곧 정치에 참여하는 길이었다. 그래서 남자들은 '독서할 때는 선비이고 정치에 참여하면 대부〔讀書曰士 從政曰大夫〕'라는 표현을 자연스럽게 받아들였다. 유학을 학문으로 공부하다 보면 벼슬을 할 수 있었고, 또 벼슬에 뜻이 없으면 학자로 남으면 되었다. 때로는 벼슬을 그만둔 후에 학자로 대성하는 경우도 있었다. 유교의 대표 경전들이 과거 시험의 주요 시험 과목인 것도 이런 사실을 증명해준다. 남자들은 유교 교리에 입각한 삶을 살면 어떤 형태로든 그에 상응하는 보상이 주어졌다. 그래서 남자들이 유교로 옮겨간 데에는 충분한 이유가 있었다.

반면 여자들은 극히 일부 예외가 있지만, 기본적으로 정치에서 소외되어 있었다. 자연히 유교에 대한 친화력은 기대하기 어려웠다. 물론 시간이 지날수록 변화는 왔다. 유교가 주는 이점이 없지 않고 그것을 여자들이 인식했기 때문이다. 조선 후기에는 여자들에게도 유교적인 명예가 주어지고 주체자로서 인정도 따랐다. 그러나 초기의 상황은 달랐다. 종교성이 떨어지는 유교는 여자들에게 줄 게 별로 없었다. 따라서 초기에 여자들은 유교에 경도될 이유가 없었다. 특히 심리적인 안정 등에서는 유교가 그다지 유용하지 않았다.

1492년(성종 23) 11월 21일, 인수대비와 인혜대비는 불교를 옹호하는 언문 한 장을 왕에게 전달했다. 성종은 이 언문을 신하들에게 내려 번역하게 한 다음 그 문제를 의논했다.

무릇 새로운 법을 행하는 데에는 반드시 기한을 세워서 알지 못함이 없게 한 뒤에 행할 것입니다. 불법을 행한 것은 오늘날부터 시작된 것이 아니니 한·당 이후로 유교와 불교가 아울러 행해졌습니다. 역대 제왕이 어찌 불교를 배척하려고 하지 않았겠습니까마는 이제까지 근절시키지 아니하였으니, 이는 반드시 인심의 요동을 중히 여겨 각각 그 삶을 편히 하도록 한 것입니다.

　　　　　　　　　　　　　　　　　　 ―『성종실록』(성종 23년 11월 21일)

　대비들은 인심의 동요를 최우선 문제로 삼았다. 불교가 사람들의 마음에 위안을 주기 때문에 섣불리 없애서는 안 된다는 것이다. 이 말에 동의하는 신하들도 있었지만, 대다수의 신하가 '유교로 전환'하는 것을 되돌릴 수 없다는 입장이었다. 성종은 여러 날 고민한 끝에 결국 어머니를 설득하는 쪽으로 결론을 냈다.

　두 대비의 시위는 결국 실패로 돌아갔다. 그러나 그러한 시도는 그저 실패로만 끝나지 않았다. 두 대비의 생각은 당시 조선 여성들의 불교에 대한 인식을 대변하는 것이었고, 향후 이는 불교가 조선에서 살아남는 데 일조했다. 여성들은 조선 초기 이후 유교적 생활과 사고방식을 받아들이며 변화해갔지만, 심리적인 위안을 불교에서 얻는 것만은 끝내 포기할 수 없었다.

　조선은 이러한 상황을 잘 파악했다. 불교를 억제하면서도 그 숨통을 완전히 조이지는 않았다. 그 이유는 바로 인수대비의 말대로 인심의 동요를 생각한 때문일 것이다. 여성들에게 종교적 역할을 톡톡히 하는 불교를 완전히 막아버린다면 사회 통합을 놓고 볼 때 잃는 것이 더 많았다. 실제 양반 남자들도 절과 관계를 완전히 끊고 살지는 않았다. 인수대비의 불교 인식과 같이 조선 여성들의 불교 중시는 향후 불교가 유지되는 데 크게 공헌했다. 오늘날 거리에서 '부처님 오신 날' 등촉을 볼 수 있는 것은 상당 부분 조선 여자들의 공이라고 볼 수 있다. ◉

우리가 도덕성에
열광하는 이유

어우동의 죽음, 도덕 사회로
가는 발판이 되다

⊙

어우동(於宇同 또는 於乙宇同, ?~1480)은 식상하다? 맞는 말이다. 소설이니 영화니 콩트 등에서 얼마나 많이 회자되었는가? 그 섹시 코드는 식상하고도 남는다. 그런데 그렇게 식상하면서도 정작 어우동에 대해 잘 알고 있는지는 의문이다. 우리는 어우동이 과연 어떤 심정으로 그 많은 남자와 관계를 맺었는지, 또 그렇게 남자관계가 복잡하면 반드시 죽어야 하는 건지 등에 대해서는 별로 생각해보지 않았다. 어우동 사건에는 개인적 성(性) 스캔들로만 보기에 뭔가 예사롭지 않은 시대적 배경이 있다.

어우동의 성은 박씨다. 그러나 박어우동, 이렇게 부르지는 않는다. 어우동이 집에서 쫓겨난 것은 은장이 때문이었다. 어느 날 남편 태강수(泰江守) 이동(李仝)이 은장이를 불러 일을 시켰는데, 어우동은 은

가공을 하는 외간 남자가 꽤나 신기했던 모양이다. 어우동은 처음에 여종인 척하고 같이 놀다가 나중에는 진짜로 좋아하게 되었다고 한다. 이때 성관계까지 있었던 것으로는 보이지 않는다. 그러나 남편은 그녀를 쫓아냈다. 외간 남자를 좋아했다는 사실 자체가 이미 문제가 된 것이다. 그리고 전부터 남편과도 사이가 원만하지 않았던 것 같다.

이렇게 친정으로 돌아온 어우동은 탄식하며 지냈다. 그런데 어느 날 여종이 "사람이 얼마나 산다고 탄식만 하십니까?"라며 오종년(嗚從年)이라는 사람을 소개해주었다. 그때부터 어우동의 남자관계가 다양해졌다. 종친 이기(李驥)와 이난(李瀾), 양반인 구전(具詮), 홍찬(洪燦), 이승언(李承彦), 오종년, 감의형(甘義亨), 박강창(朴强昌), 상민인 이근지(李謹之), 노비 지거비(知巨非) 등 확실히 관계한 것으로 판명 난 남자들만 열 명이었다. 끝내 무혐의 처리된 고위직의 어유소(魚有沼), 노공필(盧公弼), 김세적(金世勣), 김칭(金偁), 김휘(金暉), 정숙지(鄭叔墀) 등을 합치면 거론된 인물이 모두 열여섯 명이었다. 엄청난 숫자다. 그러나 이렇게 남자관계가 많다고 해서 반드시 죽어야 했을까?

조선이 차용한 『대명률』에는 간통에 대한 처벌 규정이 남녀 공히 장 80대였다. 그러니까 남녀가 처녀든 총각이든 혼인 외의 성관계를 가지면 그게 바로 간통이고, 그 간통에 대해서는 곤장 80대의 처벌이 내려졌다. 단, 유부녀는 10대를 더해 90대를 맞아야 했다. 유부녀는 '10대 더'라는 사실이 재미있다. 일종의 가중처벌이다. 어쨌든 그러면 어우동도 원칙적으로는 장 90대를 맞으면 될 일이었다. 그런데 어우동은 목매달아 죽이는 형벌인 교형(絞刑)을 당했다. 지나친 처벌이었다.

당시 조선은 왜 이렇게 과한 처벌을 했을까?

"만약에 한 일이 가증스럽다고 하여 율(律) 밖의 형벌을 쓰게 되면, 마음대로 율을 변경하는 단서가 이로부터 일어나게 되어, 성상(聖上)의 살리기를 좋아하는 뜻에 해됨이 있을 것입니다. 청컨대 중국 조정의 예에 따라 저자에 세워 도읍의 사람들로 하여금 모두 보고서 징계가 되게 한 연후에, 율에 따라 멀리 유배하소서."

"형벌은 시대에 따라서 가볍게도 하고 무겁게도 하는 것입니다. 어을우동은 음란하기 짝이 없으니 마땅히 중전(重典, 사형)으로 벌해야 합니다."

조정에서는 명백히 의견이 갈렸다. 율대로 하자는 쪽과 무겁게 다스려야 한다는 쪽이었다. 최종 결정이 나기까지 4개월이 걸렸다. 이때 살려주자는 의견이 더 많았으나 죽이자는 쪽으로 결론이 났다. 왜 그랬을까?

> 태종조에 승지 윤수(尹脩)의 처가 맹인인 하천경(河千慶)과 간통을 하고, 세종조에 관찰사 이귀산의 처가 승지 조서로와 간통을 하여 모두 사형에 처하였으나, 그 후 판관 최중기의 처 유감동이 창기라 칭하면서 횡행하며 음행을 자행하였는데, 사형에 처하지 않았습니다. 지금 어을우동은 종실의 처로서 음욕을 자행하기를 꺼리는 바가 없었으므로, 비록 극형에 처하더라도 가하나, 율이 사형에는 이르지 않으니, 청컨대 사형을 감하여 먼 곳에 유배하소서.
>
> ─『성종실록』(성종 11년 9월 2일)

어우동을 두고 논란 중에 있는 실록 기사이다. 세종 때 유사한 사건의 주인공인 유감동은 죽지는 않았다. 유배형에 처했을 뿐이다. 그러나 또 비슷한 시기 이귀산의 처 유씨 부인은 일대일 간통이었는데도 참형을 당했다. 그러니까 조선은 죽이기도 했다가 살리기도 했다가를 반복했다.

성리학적 도덕 사회로 가기 위해 조선은 때로 부담스럽지만 가중처벌을 하지 않을 수 없었다. 어우동도 그 와중에 있었고 정도 이상의 처벌을 받았다. 그러면 어우동에 대한 가중처벌은 효과가 있었을까?

인류 역사 이래 간통은 끊임없었고 조선에서도 마찬가지였다. 그러나 어우동과 같은 일대 다수의 간통은 그 이후 찾아보기 어렵게 됐다. 가중처벌의 효과가 어느 정도 있었다고 봐야 할 것이다. 그러나 그것은 가중처벌의 두려움 때문만은 아니었다고 본다. 국가의 제재는 성리학적 도덕 사회로 가기 위한 것이었고, 여자들은 그것을 감지하고 변화에 적극 적응해나갔던 것이다. 즉, 두려움보다는 도덕성의 내면화가 진행된 결과였다.

어우동의 어머니는 이런 말을 했다.

"사람이 누군들 정욕(情慾)이 없겠는가? 내 딸이 남자에게 혹하는 것이 다만 좀 심할 뿐이다."

이는 곧 어우동의 심정이었으리라. 즉, 자신의 욕구에 적극적이었던 것뿐이다.

어우동은 상징적인 인물이다. 이 시기를 전후해 조선의 여자들은 자신의 감정에 솔직한 것보다는 감정을 절제하는 것에 더 가치를 두

게 되었다. 도덕 사회를 지향하는 조선에서 그것이 주류로 살아가는 방법이라는 사실을 알게 됐기 때문이다. 어우동의 죽음은 도덕 사회로 전향하려고 애쓰던 조선의 모습을 보여주는 하나의 코드이다. 아울러 조선의 여자들이 새로운 사회에 적극 동참하며 변화하게 되는 전환점이자 지표였다. ⊙

어느 열녀의 퍼포먼스

17세기 말 경북 의성현에서는 좀 색다른 열녀를 만날 수 있다.

네가 사람의 자식이 되어 상중(喪中)에 여색을 탐하니 가히 사람이라고
할 수 있겠는가? 남의 아버지를 겁박해서 그 딸의 절개를 빼앗는 것이
차마 할 수 있는 일인가? 또한 네가 일찍이 신녕(新寧) 여인을 괴롭혀 3
년을 감옥살이하고 거듭 또 관가에 문초를 당한 일이 있었는데, 오히려
부족하게 여겨 또 나를 난행하고자 하느냐? 나의 절개를 지키는 일은
천지에 내 마음으로 맹세하였다. 차라리 내가 죽을지언정 내 목숨 보전
하기를 원치 않는다. 비록 나를 만 갈래로 목을 베더라도 또한 너를 따
르지 않겠다. 짐승 같은 놈아! 어찌 나를 속히 죽이지 않는가?

— 『우열녀전(禹烈女傳)』

조선의 가족,
천 개의 표정

우조이(禹召史)의 일갈이다. '조이'란 조선 시대 평민 여성의 호칭이다. 한자로는 '소사(召史)'라고 쓰고 읽기는 '조이'라고 읽는다. 우조이는 남편을 잃고 딸 하나를 데리고 친정에서 살고 있었다. 그런데 이웃 마을의 이영발이라는 남자가 그녀를 강제로 부인으로 삼으려 했다. 우조이는 비록 평민이었지만 스스로 절개를 지키며 사는 것이 인간의 도리라고 생각하고 있었다. 따라서 이영발의 요청을 받아들일 뜻이 없었다. 그러자 이영발은 우조이의 아버지 막복(莫卜)을 위협했다. 아버지가 시달리는 것을 본 우조이는 사태가 이미 틀렸다고 생각하고 이영발의 청혼을 받아들였다.

혼인하기 며칠 전, 우조이는 온 동네 사람을 불러 잔치를 했다. 그런데 그 마을에 나이가 지긋한 김석을동(金石乙同)이라는 사람이 있었는데, 우조이 집에서 잔치에 청해도 끝내 사양하고 가지 않았다. 그는 우조이가 죽으려는 뜻을 품고 마을 잔치를 한다는 것을 눈치채고 있었던 것이다.

혼인날 우조이는 이영발, 친정 오라비와 함께 이영발의 집으로 가려고 길을 나섰다. 그녀는 조용히 따르는 가되 이영발의 허리에 찬 칼을 자주 보았다. 그러고는 이영발의 집에 도착해서는 시어머니에게 배례(拜禮)를 하는 듯하더니, 돌연 위와 같은 일갈을 하고 이영발의 칼을 빼어들며 자결하려고 했다. 그때 우조이의 손놀림이 어찌나 빨랐던지 옆에 있는 사람조차도 손을 쓸 수 없었다고 한다. 우조이는 칼로 한 번 찌르고 난 후에 이영발한테 욕을 당할까 봐 다시 칼을 뽑아 찌르려고 했으나 몸에 미치지 못했다. 결국 우조이는 이영발에게 칼을 빼앗겼고, 뜰에 쓰러져 피를 흘린 채 기절했다.

이 장면을 보고 있던 마을 사람들은 이영발 모자에게 "이렇게 흉괴한 일을 지어서 사람들의 이목을 놀라게 하는가? 비록 혹 이 여인이 죽지 않았으나 더불어 한집에 살지 못할 것이다. 빨리 돌려보내라"고 하였다. 이영발은 어쩔 수 없이 우조이를 돌려보냈다. 그녀는 집으로 돌아와 치료를 하고, 결국 자신의 친정에서 계속 살게 되었다. 이영발의 강권에서 벗어날 수 있었던 것이다.

이 일련의 과정은 매우 드라마틱하다. 마음에 딴 생각을 품고 거짓으로 결혼할 것처럼 했다는 것 자체가 이미 드라마다. 그리고 무엇보다도 남자 집 마당에서 자결을 시도했다는 사실이 흥미롭다. 우조이는 이영발 때문에 곤욕을 치르기는 했지만, 결과적으로는 자신에게 유리한 상황을 만들어냈다. 우조이의 이야기는 의성현 지역에서 유명해졌고 결국 신덕함(申德涵)이 『우열녀전』을 쓰게 되었다. 신덕함은 우조이가 남자 집에서 죽으려고 한 것에 대해 다음과 같이 평가했다.

"혹 말하기를 이 열녀가 자기 집에서 죽지 않고 영발의 집에서 죽으려고 한 것은 흠이 된다고 하나 이것은 그렇지 않다. 만일 이 여인이 영발을 거절하고 자기 집에서 죽는다면 친정아버지가 반드시 슬퍼하고 상심하였을 것이다. 이렇게 되면 불효가 된다. 또한 영발이 반드시 놀라고 원망하여 성낼 단서가 될 것이니 이것도 근심이 될 뿐이다. 또한 열녀가 깊은 방에 들어가서 아무 말 없이 남몰래 죽는다면 그 마음은 비록 정결하나 그 자취는 나타나지 않을 것이다. 이렇게 되면 영발의 죄를 바로잡을 수도 없다. 여기에서 이 열녀가 지혜 있음을 알 수 있다."

당시 사람들은 우조이가 이영발 집에서 자결하려고 한 것에 대해 왈가왈부했다. 여러 사람이 보는 데서 그렇게 한 것은 지나치다는 것이었다. 그런데 여기서 우리는 우조이의 지혜를 재해석해볼 필요가 있다. 방에서 죽지 않고 사람들이 보는 앞에서 자결하려 했다는 것은 만인에게 보여줘서 증명을 받고자 한 의도가 다분하다. 우조이는 군인 신분이며 남자인 이영발에 비해 불리한 위치에 있었다. 평민이고 여성이었기 때문이다. 웬만해서는 이영발에게 대적하기 어려운 처지였다. 그러나 이런 약한 위치에 있는 우조이였지만, 당시 사회 분위기 속에서 이영발을 이길 수 있는 방법이 하나 있었다. 바로 '열녀'라는 도덕성이었다.

우조이는 '열녀 행위'를 통해 도덕적 우위를 점할 수 있었다. 현실에서는 이영발이 자신보다 위세가 있었지만, 당시 사회 최고 가치인 도덕성의 잣대를 들이대면 이영발을 물리칠 수 있다는 계산이 서 있었던 것은 아닐까? 우조이는 어떻든 열녀라는 기제를 통해 자신을 지킬 수 있었다. 열녀의 진화는 이제 열녀를 이용하는 단계에까지 이르고 있는 것이다. 유교적 순교자였던 기존의 열녀와는 또 다른 의미이다. 순교자적 열녀들은 인정받는 것을 우선시했다. 즉, 도덕성의 끝까지 가서 성인과 같은 반열에 드는 것이 목표였다.

그러나 우조이는 달랐다. 그보다는 현실을 살아내기 위한 방편이었다. 우조이는 당시 열녀, 즉 도덕성이 그 무엇보다 우선한다는 것을 알고 있었다. 신덕함이 우조이가 지혜 있다고 한 것도 이 때문이었다. 우조이는 열녀라는 사회적 가치를 깨닫고 그를 이용했다. 그렇게 보면 역사에서 일반민은 나약한 존재들만은 아니었다. 그들은 지배층과 끊임없이 협상하면서 자신들의 이익을 찾아나갈 줄 알았다. 역사를 읽는 묘미이다. ◉

화순옹주는 왜 스스로
죽음을 택했을까?

◉

　1758년(영조 34) 1월 17일, 영조의 딸 화순옹주(和順翁主, 1720~1758)
가 죽었다. 화순옹주는 정조와 불편한 관계로 유명한 화완옹주의 한
참 위 언니로, 아버지 영조에게 화완옹주 못지않은 사랑을 받았다고
한다. 그런데 그런 화순옹주가 아버지 앞에서 스스로 목숨을 끊은 것
이다.

　화순옹주는 월성위(月城尉) 김한신(金漢藎)에게 시집갔다. '어진 부
마와 착한 옹주'라고 불릴 정도로 두 사람은 당시 가장 아름다운 부
부로 손꼽혔다. 그런데 혼인한 지 16년, 김한신이 먼저 죽고 말았다. 화
순옹주는 남편이 죽은 직후부터 그야말로 물 한 모금 입에 대지 않
았다. 죽기로 마음먹은 것이다. 결국 화순옹주는 음식을 끊은 지 14일
만에 목숨을 다했다.

부인의 도는 정(貞) 하나일 뿐이다. 세상에 부모상을 당한 자가 누구나 따라 죽으려고 하지만, 죽고 사는 것이 또한 큰지라, 하루아침에 목숨을 결단하는 이는 대개 적다. 열녀가 마음의 상처가 크고 슬픔이 심하여 그 자리에서 목을 매는 것은 혹시 쉽게 할 수 있지만, 어찌 열흘이 지나도록 음식을 끊고 죽음에 이를 수가 있겠는가? 절조가 옹주와 같은 이가 또 있겠는가? 이때에 아버지가 엄하게 또 친밀하게 해서도 능히 마음을 돌이킬 수 없었으니, 진실로 순수하고 굳세며, 지극히 바른 기개는 누군들 빼앗을 수 있겠는가? 이는 진실로 필부(匹婦)도 어려운 바인데, 왕실의 귀주(貴主)로서 행하니 더욱 우뚝하지 아니한가? 아! 정렬하도다. 아! 아름답도다.

— 『영조실록(英祖實錄)』(영조 34년 1월 17일)

사관은 화순옹주의 죽음을 장렬하게 기록했다. 그러나 영조는 달랐다. 신하들이 옹주의 절개를 정려(旌閭)할 것을 권했으나 영조는 그렇게 할 수 없었다.

자식으로서 아비의 말을 따르지 아니하고 마침내 굶어서 죽었으니, 효에는 모자람이 있다. 앉아서 자식이 죽는 것을 보고 있는 것은 아비의 도리가 아니기 때문에, 내가 거듭 타일러서 약을 먹기를 권하니, 저가 웃으며 대답하기를, "성상의 하교가 이에 이르시니 어찌 억지로 마시지 아니하겠습니까?"라고 하고, 조금씩 두 차례 마시고는 곧 도로 토하면서 말하기를, "비록 성상의 하교를 받들었을지라도 중심이 이미 정해졌으니, 차마 목에 내려가지 아니합니다" 하기로, 내가 그 고집을 알았다. 그래도 본심이 연약하므로 강권하면 점차로 마실 것을 바랐는데, 끝내 어버이의 뜻을 생각하지 않고 운명하였으니, 정절은 있을지 모르지만 효에는 어떠한가? 더구나 그날 바로 죽었으면 내가 덜 한스러워하겠건마는 열흘을 먹지 않고 죽으니 내 마음에 괴로움이 많았다. 아까 예조 판서가 정려하는 은전을 실시하라고 청하였는데, 이는 잘못이다. 아비가 되어 자식을 정려하는 것은 자손에게 법을 주는 도리가 아니며, 또한 뒤에 폐단 됨이 없지 아니하다.

— 『영조실록』(영조 34년 1월 17일)

자식이 부모에 앞서 죽었는데, 무슨 정려할 뜻이 있겠는가? 아버지로서는 어떤 이유이든 자진한 딸에게 잘했다고 할 수 없었던 것이다.

그러나 이로부터 29년 후 정조는 이 옹주 고모에게 열녀문을 하사했다. 정조는 직접 유려한 문장으로 그 덕을 칭송한다.

아! 참으로 매섭도다. 옛날 제왕의 가문에 없었던 일이 우리 가문에서만 있었으니, 동방에 믿음 있는 여인이 있다는 근거라. 어찌 우리 가문의 아름다운 법도가 빛나지 않겠는가? 더구나 화순 귀주는 평소 성품이 부드럽고 고우며 본디부터 죽고 사는 의리의 경중을 잘 알고 있었으니 외고집의 성품인 사람이 자결한 것과는 비교가 되지 않는다. 아! 참으로 어질도다.

— 『정조실록』(정조 7년 2월 6일)

화순옹주묘소와 정려문

화순옹주는 왜 자진했을까? 부러울 것 없는 왕의 딸이 왜 스스로 죽음을 택했냐는 것이다. 특히 아버지의 간절한 만류가 있었는데도 말이다. 『공자의 이름으로 죽은 여인들』에서 전여강은 중국 명 때에 열녀가 양산된 것은 당시 과거에 계속 불합격하는 남성들이 자신의 불우한 처지를 여성들의 순절에 투사하여 여성의 도덕성을 그야말로 눈물 나게 찬양했기 때문이라고 했다. 조선에서든, 중국에서든 여성들은 이러한 찬양을 듣고 싶어 했다. 즉, 인정받고 싶었던 것이다. 화순옹주는 결국 정조로부터 정표를 받지 않았는가?

몇 년 전 사십 대의 몸짱 아줌마가 나타나서 화제가 된 적이 있다. 신문, 방송은 한동안 그녀가 어떻게 그런 멋진 몸매를 갖게 됐는가를 보도했다. 요즘에야 몸짱 아줌마들이 많아졌지만, 당시만 해도 그것은 그야말로 센세이션이었다. 필자를 포함한 많은 아줌마의 부러움을 샀다.

그런데 여기에서 다음과 같은 명제를 제기해보고 싶다. '오늘날의 몸짱 아줌마는 조선 시대의 열녀이다.' 말이 되는 소리인가? 하나는 남자에게 잘 보이기 위한 것이고, 또 다른 하나는 남자로부터 안 보이기 위한 것인데 말이다. 의문은 당연하다. 그러나 가만히 그 안을 들여다보면 이 둘에는 공통점이 있다. 모두 자기만족을 얻고 또 동시에 뭔가 인정을 받기 위해 그런 행위를 했다는 점이다.

조선 시대에는 도덕적인 여성이 의미 있게 받아들여졌기 때문에 여성들이 열녀를 지향했고, 오늘날은 건강하고 성적 매력이 넘치는 여성이 인정받기 때문에 몸짱이 되고자 하는 것이다. 무엇이 다른가? 중요한 것은 바로 노력 그 자체다. 당대의 최고 가치, 선망, 취향, 경향성 등은 시대에 따라 바뀌고 다르게 나타나게 마련이다. 그러나 그것을 이루고자 하는 인간의 노력 자체는 계속된다.

오늘날 많은 여성이 여러 분야에서 활동하며 자신의 능력을 보여주고 있는데, 그 저력의 근원을 조선 시대 열녀 되기에서 찾는다면 난센스일까? 조선 시대에 그 많은 열녀가 나왔다고 하는 것은 우리에게 대단한 가능성을 제시한다. 즉, 우리에게는 어떤 일이든 지향하여 성과를 낼 수 있는 강력한 에너지가 있다는 의미이기 때문이다. 물론 앞으로 이 에너지를 어디에 쏟을 것인가는 생각해볼 문제다. 다시 열녀가되자는 얘기는 결코 아니다. 또 모두 몸짱이 되자는 얘기도 아니다. 뭔가 해야 할 일을 적극적으로 실행할 수 있는 에너지가 충만하다는 사실을 인지할 필요가 있다는 것뿐이다.

이른바 사회의 리더들이라고 하는 사람들은 우리의 이 넘치는 에너지에 대해 알까? 그것이 때로 위험한 것일 수도 있지만, 잘만 유도하면 아주 유용한 자원이라는 사실을 알고 있을까? 역시 역사는 꽤 실용성이 있는 학문이라는 생각이 든다. ◉

언제까지 도덕성 경쟁을
해야 하는가?

◉

조선은 근 400년간 도덕성에 목을 맸다. 이른바 사림파가 조선을 장악한 이후로 조선은 도덕성에 목숨을 걸었다. 성리학은 인간의 도덕적 완성을 최고 목표로 하는 사상이었고, 그것을 내건 사림파는 모든 면에서 도덕성을 최고의 무기로 삼았다.

호인에게서 온 편지 내용이 패악하니, 대의에 의거하여 회답하지 말아야 된다는 생각을 우리나라 사람이면 누군들 갖지 않겠는가? 다만 오랑캐의 기세가 몹시 거세고 종사의 안위가 이번 한 번의 처사에 달려 있으니 앞날의 걱정을 이루 다 말할 수 없다. 비국(備局. 비변사)의 모든 신하들이 회답하지 않을 수 없다는 생각을 하고 있으면서도, 단지 남의 말에 오르내리는 것을 피하려고 겉으로는 곧은 체 큰소리를 치면서 회답해야 된다는 말이 임금의 입이나 혹은 타인의 입에서 나오기만을 기다리고 있다. 이렇게 하면서 하루 이틀씩 서로 버티면서 오늘에 이르렀는데, 장차 나라를 어떤 지경에 두려는 것인지 모르겠다.

— 『광해군일기』(광해군 11년 8월 12일)

1619년(광해군 11) 광해군은 심난했다. 때는 바야흐로 명·청 교체기였다. 힘 빠진 명은 조선에 군사를 요청하고 있었고, 잘나가는 호인은 한번 잘해보자고 조르고 있었다. 광해군은 '대국에 대해서는 섬기고, 오랑캐에 대하여는 임기응변하자'는 현실적인 대안을 가지고 있었다. 그러나 신하들은 누구도 자신의 도덕적 명분을 잃고 싶어 하지 않았다. 급박한 상황을 알면서도 아무런 행동도 하려고 하지 않았다. 단지 회답해야 한다는 말이 누군가의 입에서 나오기만을 기다리고 있었다. 이 상황을 지켜보는 광해군은 '사지담한(思之膽寒)', 즉 '생각하면 간담이 서늘할' 지경이라고 했다. 그 적막한 마음이 읽힌다. 얼마나 외로웠을까?

그러나 광해군은 결국 계모 인목대비와 불화한 패륜아로 쫓겨나고 말았다. 현실의 정치 감각보다 도덕성이 우선시된 것이다. 이후 조선은 분명 좀 더 명분과 의리에 갇혀 살게 되었다.

그런데 아무리 사림파가 권장했다지만, 조선은 어떻게 그렇게까지 도덕성을 목숨처럼 여기게 됐을까? 도덕성은 누구나 한번 가져볼 만한 것이었다. 효를 행하고 열녀가 되는 것은 노비라고 해서 못할 일이 아니었다. 조선 후기 노비 여성 중에 열녀가 양산됐던 것은 이의 반영이다. 한마디로 도덕성은 따라 하기 쉬운 것이었다.

또 도덕성만큼 자기주장을 펼치기 좋은 것도 없다. 거기에는 절대 기준이 없다. 누구나 각자의 도덕성을 갖는 게 가능하며 항상 상대방보다 내가 더 도덕적일 수 있었다. 사람들은 모두 '저 잘난' 맛에 살게 됐다. 우리의 대단한 평등 의식은 여기에 연원을 두고 있다. 평등 의식은 개개인에게 엄청난 자존감을 주었지만, 한편으로 다른 사람의 능력을 잘 인정하지 않는 편협함을 준 것도 사실이다. 우리 인터넷에 유난히 악성 리플이 많은 것은 이와 무관하지 않다.

그러나 이제 그 도덕성에 싫증이 날 만하다. 언제까지 결판 없는 도덕성 경쟁을 하겠는가? 변화의 조짐은 이미 보이고 있다. 몇 해 전, 「하얀 거탑」이라는 드라마가 있었다. 거기에서 우리는 장준혁을 미워할 수 없었다. 그는 부도덕한 인간이다. 스승 같은 상사를 배반하고, 자신의 잘못을 인정하지 않으며, 부인 외에 다른 여자가 있다. 그러나 그의 능력은 눈부셨고 그의 죽음은 안타까웠다. 그건 단순한 연민이 아니다. 장준혁에게서 도덕성보다는 의사로서의 능력 혹은 총체적인 인간을 봤던 것이다.

400년 가까이 해온 '도덕성' 경쟁을 하루아침에 그만둘 수는 없을 것이다. 그리고 사실 '도덕성'을 포기해야 할 이유도 없다. 다만 '도덕성보다는 능력'이라는 논의도 함께할 수 있는 사회 분위기는 필요하다고 본다. 그것이 우리 사회가 보다 다양한 평가 기준을 가지고 좀 더 유연하게 소통할 수 있는 방법이 되기 때문이다. ⊙

강정일당의 도덕성 열망

⊙

강정일당은 아이를 아홉 명이나 낳았지만 한 명도 키우지 못했다. 모두 어려서 죽었기 때문이다. 원인은 아마도 영양실조가 아니었을까 한다. "9남매를 낳아 하나도 기르지 못하였으나 원망하는 마음이 없었고, 3주야를 굶었으나 근심하는 기색이 없었다"는 남편 윤광연의 부인에 대한 제문(祭文)을 보면 그렇다. 3주야를 굶었다는 것은 굶기를 밥 먹듯 했다는 것이고, 그런 상황이라면 아이들이 영양실조로 죽었을 수도 있겠다는 생각이다.

그런데 여기서 주목할 점은 굶을 만큼 가난한 집안 형편이 아니라 정일당의 태도이다. 아홉 명의 아이를 잃은 엄마의 태도가 과연 이럴 수 있을까? 정일당은 그 의식 세계가 어떠했기에 이렇게 담담할 수 있었을까? 정일당을 생각하면 가장 먼저 떠오르는 것은 도덕성에 대한 열망이다.

인간의 성품은 모두 착하니	人性本皆善
그것을 다하면 성인이 되리	盡之爲聖人
인(仁)을 실천하고자 하면	欲仁仁在此
인은 바로 여기에 있으니	
이치를 밝혀 몸을 성실히 하리	明理以誠身

—「성선(性善)」

참 재미없는 시다. 제목도 '성선'으로, 인간의 성품이 착하니까 착하고자 애쓰면 성인이 될 수 있다는 얘기다. 정일당의 시가 대개 이렇다. 언필칭 '도(道)'요, '성인'이다. 어떻게 하면 도를 알고 또 어떻게 하면 완벽한 인간인 성인이 될 수 있느냐는 것이다. 흔히 시에서 기대할 수 있는 감상은 찾아보기 어렵다. 너무나 이성적이다.

정일당은 남편과 쪽지 편지를 주고받은 것으로 유명하다. 이른바 '척독'이라고 하는데, 안채와 사랑채를 오간 쪽지 편지를 말한다. 부부 간의 편지라니, 꽤 로맨틱하게 들린다.

이승선의 『중용』 차자(箚子)에 대한 문제 제기는 듣기로는 홍상서에게 변론한 것으로서 그 뜻이 두루 상세하며, 또 그가 지은 『산야문답(山野問答)』과 『엄박종핵(淹博綜覈)』은 세상에 쓰일 만하다고 하니, 가까운 시일 내 빌려서 보여주신다면 정말 좋겠습니다.

들으니 당신께서 이제 『역경(易經)』을 읽기 시작했으며 이은하(李銀河) 선생님께서 오셔서 겨울 동안 묵었다 가신다는군요. 그분은 어려서부터 경학을 공부한 유학자로서 서로 갈고닦는다면 아주 좋을 것 같습니다. 원컨대 날마다 토론한 것을 기록해두시어 저에게 보여주신다면 참으로 행운이겠습니다.

저 역시 바느질하고 밥하는 사이사이나 한밤중에 짬을 내어 책을 읽을 생각입니다. 그동안 사서(四書)를 읽어왔는데, 『맹자(孟子)』 하권 3편을 아직 다 읽지 못했습니다. 얼마 안 있어 곧 끝날 것입니다.

—「척독」

그런데 기실 편지의 내용은 이렇다. 별로 달콤하지 않다. 거의 공부에 대한 얘기뿐이며 공부가 재미있어 죽겠다는 표정이다. 그리고 그것을 남편에게 권면하는 듯하면서 사실상 강요하고 있다.

저는 일개 부인으로서 몸은 집안에 갇혀 있고 배운 것도 아는 것도 없으나, 그래도 바느질하고 청소하는 여가에 옛 경서와 고전들을 읽으면서 그 이치를 궁구하고 옛 사람들의 행실을 본받아 선현들의 경지에 이르고자 합니다. 하물며 당신은 대장부로서 뜻을 세워 학문을 하면서 스승을 모시고 좋은 벗들과 사귀고 있으니, 무엇을 강론하든지 해명하지 못하겠으며, 무엇을 실천하든지 이루지 못하겠습니까? …… 성현도 대장부이며 당신도 대장부입니다. 무엇이 두려워서 하지 않겠습니까? 부디 바라옵건대, 날마다 덕을 새롭게 하고 반드시 성현이 되기를 기약하소서!

— 「척독」

요지는 공부 열심히 해서 당시 사회의 최고 목표인 성인이 되어보라는 것이다. 공부를 하면 성인에 이를 수 있는데 왜 안 하고 있느냐고 채근한다. 정일당이 남편에게 보낸 46편의 쪽지 편지는 이처럼 학문적인 토론, 아니면 남편에 대한 채근으로 채워져 있다. 낭만과는 거리가 멀다. 물론 그래도 편지를 주고받았다는 사실 자체가 낭만적이지 않느냐고 할 수도 있다. 그러나 적어도 정일당 스스로는 낭만을 생각하고 있었던 것 같지는 않다.

정일당에게서 재미있는 점은 스스로 생계를 책임지고 있다는 말을 여러 번 하면서도 전혀 불만스러워하는 기색이 없다는 점이다. 남자가 되어서 뭐 하냐는 비난성 문장이 있지만, 그것은 관직에 나가지 못했다거나 돈 벌어오지 못하는 것을 문제 삼는 말은 아니다. 완벽하게 일상사에 대해서는 관심이 없다. 정일당이 원하는 것은 오로지 자신이나 남편의 도덕적 완성이다. 그것만이 열망이다.

그런데 남편 윤광연은 이런 부인의 태도가 싫지 않았나 보다. 아니, 매우 존중한 것으로 보인다. 후에 정일당의 글들을 모두 모아서 문집을 만들어줬으니 말이다. 정일당은 조선 여성으로서는 드물게 문집을 가진 여성이 됐다. 윤광연이 정일당의 학문에 대한 태도를 싫어하지 않은 것은 아마도 당시 이것이 너무도 보편적인 트렌드였기 때문이리라. 거의 종교가 되어버린 신념으로 아이가 죽어도 담담할 수 있었던 것이다. 정일당은 도덕을 실천하고 있다는 신념으로 모든 것을 감수했고 심지어 행복하기까지 했다.

우리는 아주 오랫동안 신념을 갈고닦아왔다. 그 경험은 아직도 생생하다. 여전히 도덕은 모든 평가의 기준이다. 장관이나 총리 후보 청문회는 항상 능력보다 도덕성 검증으로 일관한다. 그런데 사실 도덕성이란 애매모호할 수 있다. 누구나 자신이 더 도덕적이라고 주장할 수 있기 때문이다. 도덕성에 근거한 자신감은 많은 일을 하게도 하지만, 또 한편으로는 도덕성 논란 그 자체 때문에 일이 진행되지 못하는 경우도 있다. 양날의 칼이다. 우리는 이 익숙한 도덕성이 아주 유용할 수도 또 아주 위험할 수도 있다는 사실을 유념할 필요가 있다. ◉

18세기 말에 쏟아진
간통 사건

◉

　"정말 양반집 부인인 줄 몰랐습니다. 그저 노는 여자(遊女)인 줄 알
고 그랬습니다."

　"시아버지와 서고모(庶姑母)의 행악(行惡)을 견딜 수 없어 이 지경에
이르렀습니다."

　1798년 4월 19세기를 코앞에 두고 있는 시점, 어느 양반집 며느리가
장용위 병사와 통간(通姦)한 사건이 일어났다. 위는 그들 두 남녀의 공
초 내용이다. 여자는 당시 함경도 병마절도사로 있던 정관채(鄭觀采)
의 며느리로 이른바 한다하는 양반집 부인이었다. 본래 그녀의 남편
은 정관채의 친아들이 아니고 동생 정양채(鄭亮采) 집에서 양자 온 아
들이었다. 그런데 정양채 역시 당시 한성부 서윤(庶尹)이었던 걸 보면
잘나가는 양반 집안이 틀림없었다. 글쎄, 오늘날로 하면 '청담동 며느

리'쯤 될지 모르겠다.

그런데 이런 집안의 며느리가 장용위 병사와 시골 마을에서 간통하고는 내처 그 남자 집에 숨어 있었던 것이다. 일이 발각되자 이들은 장용영으로 잡혀갔다. 남자는 해당 병영에서 곤장을 맞고 석방되었으나 여자는 노비가 되어 제주도로 쫓겨났다. 여자에 대한 처벌이 언제나 더 무거운 것은 상례이다.

장용위의 일반 병사는 신분이 대개 양인 이하다. 말하자면 대갓집 부인과 장용위 병사의 신분을 뛰어넘는 사랑이었다. 게다가 여자는 불륜의 이유로 시집 식구의 행악을 들어, 시집살이에 대한 일종의 저항이었다고 주장했다. 이 시기에 이르면 조선에서 이른바 시집살이가 만만치 않았다는 것을 알 수 있다. 예전과 달리 친정과 관계가 느슨해지고, 시집에서 생활하는 비중이 더 커졌기 때문일 것이다. 그런 시집살이에 이 양반집 부인은 토를 달고 있는 것이다.

이 일이 있기 몇 달 전에는 또 평안도 병마절도사가 동생이 사랑한 기생(愛物)과 몰래 간통한 일이 있었다. 기생인데 무슨 간통이냐고 하겠지만, 이 기생과 동생의 관계는 단순하지가 않았다. 머리를 올려줬고 뒷날을 약속한 사이였다. 말하자면 수청기이자 거의 첩과 같은 존재였다. 그런데 형이 그만 그 기생에게 반해서 서울로 데려와버린 것이다. 형제가 한 기생과 동시에 특별한 관계를 맺는 것은 아무래도 정도를 벗어나는 일이었다.

또 비슷한 시기 홍대협(洪大協)이라는 홍문관의 고위 관직자는 며느리와 간통했다. 그 아들은 정신적 파탄을 겪었고 며느리의 친정아버지는 음독했다. 당시 이 사건은 온 장안을 떠들썩하게 했고 모르는 사람이 없었다. '예의지국(禮義之國)'이 '이적지국(夷狄之國)'으로 변하고 있다며 사람들은 한탄했다.

19세기로 접어드는 시기 이 일련의 간통 사건들은 무엇을 보여줄까? 사실 간통은 동서고금에 늘 있는 일이다. 그러나 이렇게 고위 관직자들의 집에서, 그것도 신분이 서로 다른 남녀가 혹은 동생의 첩을, 또 시아버지와 며느리가 간통하는 일은 결코 예사롭지 않다. 건국 이래 잘 정제된 조선의 윤리 의식에 뭔가 균열이 일고 있다는 징조였다. 그런데 균열은 윤리 의식에만 나타난 것은 아니었다.

1800년 12월 노상추는 홍주 영장에 수망(首望)으로 올라 비답을 받았다. 그리고 이듬해 1월 초 홍주에 부임한다. 그로부터 7개월 가까이 노상추는 사학죄인들과 끝없이 씨름하게 된다. 당시 홍주 지역은 천주교인들로 넘쳐나고 있었다.

지금 들으니 사학(邪學)이 서울에서 일어나 죄인들이 좌우포청과 형조에 가득 찼다고 한다. 또 천안군 사학의 우두머리인 이존창(李存昌)은 포청에서부터 붙잡아왔다고 한다. 지금 이 사학은 양(楊), 묵(墨), 노(老), 불(佛)과는 비교할 수 없이 달라서 심한 것이 참으로 작은 걱정이 아니다. 윤리 기강을 모를 뿐만 아니라 형살도 겁내지 않는다. 이른바 믿는다는 자들은 남녀에 차이가 없고 상놈(常漢)들은 믿음을 곧 법으로 여기니 그 말폐는 어떤 지경에 이를지 알 수가 없다. 형을 받고 죽는 것은 이적(夷狄)이나 금수(禽獸) 모두 꺼리는 바이나, 이 무리들은 형벌도 겁내지 않

고 죽음에도 회한이 없으니 천주가 시작된 후 우리나라가 빠져들기를
이처럼 한다. 정학(正學)이 부진한 것이 극에 달했으니 통탄스럽기 그지
없다. 만약 조문정(趙文正, 조광조)이 다시 돌아와 도헌(都憲, 대사헌)이 된
다면 이 척사부정에 무슨 어려움이 있겠는가?

— 『노상추일기』(1801년 2월 13일)

7개월 동안 끊임없이 사학죄인을 잡아들이고 그들을 심문했지만,
이미 감당하기 어려운 일이라는 것을 노상추 자신도 알고 있었다. 사
학죄인들은 형벌도 겁내지 않고 죽음 앞에서 후회도 없다는 것이다.
변화는 이미 조선 사회에 깊숙이 들어와 있었다.

그렇다면 이때에 조선의 대처는 어떠했는가? 노상추는 죽은 조광
조가 살아 돌아오기만을 바라고 있다. 조광조는 조선이 이상적인 도
덕 사회를 지향하는 데 결정적인 역할을 한 사람이다. 도학론의 일인
자가 아닌가? 그런 조광조가 돌아오기를 바란다는 건 도덕 사회의 재
건을 바란다는 뜻이었다. 조광조가 살아 돌아오면 모든 것이 해결될
수 있을 거라고 믿은 것이다. 참으로 단순한 생각이다.

어느 사회에나 그 사회의 말기에는 이전 사회로 회귀하려는 욕구와
앞으로 나아가려는 의지가 동시에 존재한다. 즉, 한편으로는 도덕성에
대한 집착이 강고해지고 다른 한편으로는 천주교처럼 새로운 사상에
경도되는 사람이 많아지는 것이다. 결국 문제는 회귀와 전진의 비율
을 어떻게 조정하면서 다음 시대를 맞이하느냐이다. 조선은 그 조율
에 성공하지 못한 것으로 보인다.

이미 죽은 조광조가 다시 살아 돌아올 수 있겠는가? 다시 살아 돌아온다고 해도 이 문제를 해결할 수 있겠는가? 균열에 대한 대처는 앞으로 나아가고 있지 못하다. 결국 7개월 후 노상추는 조선 시대의 근무 성적 평가인 포폄(褒貶)에서 '하(下)'를 받고 홍주를 떠나게 된다. 그러나 그 후 누가 온들 상황이 크게 달라지겠는가? ⊙

참고문헌

『계축일기(癸丑日記)』

『고려사(高麗史)』

『내훈(內訓)』

『노상추일기(盧尙樞日記)』

『묵재일기(默齋日記)』

『미암일기(眉巖日記)』

『병자일기(丙子日記)』

『승정원일기(承政院日記)』

『연려실기술(練藜室記述)』

『율곡전서(栗谷全書)』

『점필재집(佔畢齋集)』

『정부인안동장씨실기(貞夫人安東張氏實紀)』

『정일당유고(靜一堂遺稿)』

『조선왕조실록(朝鮮王朝實錄)』

『청대일기(淸臺日記)』

『태교신기(胎敎新記)』

『한중록(閑中錄)』

조선의 가족,
천 개의 표정

문숙자,『68년의 나날들, 조선의 일상사』(너머북스, 2009)

_____,『조선시대 재산 상속과 가족』(경인문화사, 2004)

박 주,『조선시대의 여성과 유교문화』(국학자료원, 2008)

신명호,『조선 왕실의 의례와 생활, 궁중문화』(돌베개, 2002)

이영춘,『강정일당』(가람기획, 2002)

_____,『임윤지당』(혜안, 1998)

이은상,『사임당의 생애와 예술』(성문각, 1962)

이혜순,『조선조 후기 여성 지성사』(이화여자대학교출판부, 2007)

장병인,『조선 전기 혼인제와 성차별』(일지사, 1997)

정해은,『조선의 여성, 역사가 다시 말하다』(너머북스, 2011)

최선경,『왕을 낳은 후궁들』(김영사, 2007)

한국고전여성문학회,『조선시대의 열녀 담론』(월인, 2002)

서양걸, 윤재석 옮김,『중국가족제도사』(아카넷, 2000)

전여강, 이재정 옮김,『공자의 이름으로 죽은 여인들』(예문서원, 1999)

진동원, 송정화·최수정 옮김,『중국, 여성 그리고 역사』(박이정, 2005)

패트리샤 버클리 이브리, 배숙희 옮김,『중국 여성의 결혼과 생활』(삼지원, 2000)

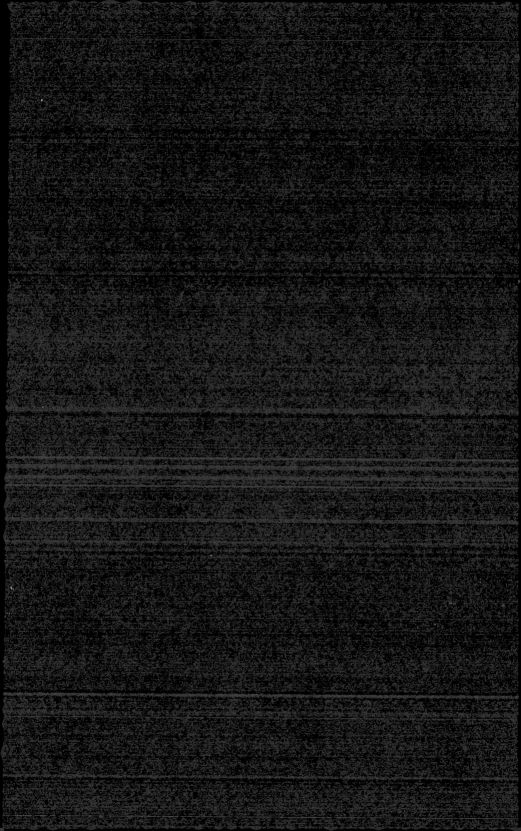